Gisela Walter

ERDE

Die Elemente im Kindergartenalltag

Gisela Walter

ERDE

Die Elemente im Kindergartenalltag

Herder Freiburg · Basel · Wien

„Die Elemente im Kindergartenalltag"
von Gisela Walter in 4 Bänden

WASSER
(Bestell-Nr. 26723)

LUFT
(Bestell-Nr. 26722)

ERDE
(Bestell-Nr. 26721)

FEUER
(Bestell-Nr. 26724)

Die Cassetten mit den beliebten Liedern und Geschichten aus:
Die Elemente im Kindergartenalltag

Feuer – Wasser
Audio-Cassette, ca. 60 Min.
(Bestell-Nr. 23973)

Erde – Luft
Audio-Cassette, ca. 60 Min.
(Bestell-Nr. 23974)

Gedruckt auf umweltfreundlichem,
chlorfrei gebleichtem Papier

7. Auflage

Umschlaggestaltung: Joseph Pölzelbauer, Freiburg
Umschlagfoto: Hartmut W. Schmidt, Freiburg
Textgrafik: Hans-Dieter Sumpf
Notengrafik: Herbert Ring

Herstellung: Freiburger Graphische Betriebe 1998
ISBN 3-451-26721-7

Erlebniswelt Erde

Naturschutz und umweltbewußtes Verhalten sind heute die vordringlichen Ziele einer zukunftsorientierten Kindergartenerziehung. Doch wie sollen die Kinder im Vorschulalter Naturschutz lernen, wenn sie die Natur noch gar nicht ausreichend kennen und viele naturwissenschaftlichen Zusammenhänge intellektuell weder erfassen noch verstehen können?
Erde mit allen Sinnen erleben, begreifen und entdecken, die Umwelt beobachten, neugierig werden und mehr über die Zusammenhänge der Natur erfahren wollen, bedeutet für Kinder die erste, elementare Erfahrung mit der Umwelt. Sie verstehen so unmittelbar, daß wir Menschen ein Teil dieser Natur und von ihr abhängig sind.
Spielerisch machen sie ihre ersten Schritte auf dem Lernfeld „Naturschutz und Umwelt“. Sie erleben Erde im Kindergartenalltag und lernen dabei ein Verhalten, das die Natur erhält, schont, schützt und pflegt. Was die kleinen Kinder heute lernen, das prägt morgen ihre Einstellung und ihr Verhalten zu und in der Natur.
Genau das ist die Konzeption auch des Bandes „Erde“ der Buchreihe „Die Elemente im Kindergarten“: Eindrucksvolle Naturerlebnisse, erstes elementares Naturlernen, die Umwelt mit allen Sinnen wahrnehmen und die Natur als realistischen und zugleich phantastischen Spielraum erfahren.

Gisela Walter

Inhalt

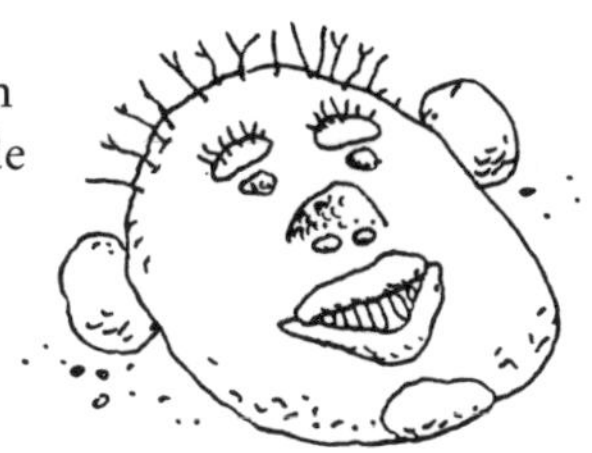

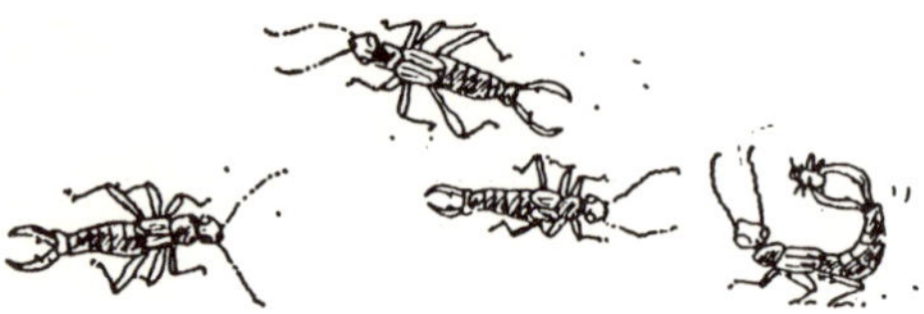

2. Kapitel

3. Kapitel

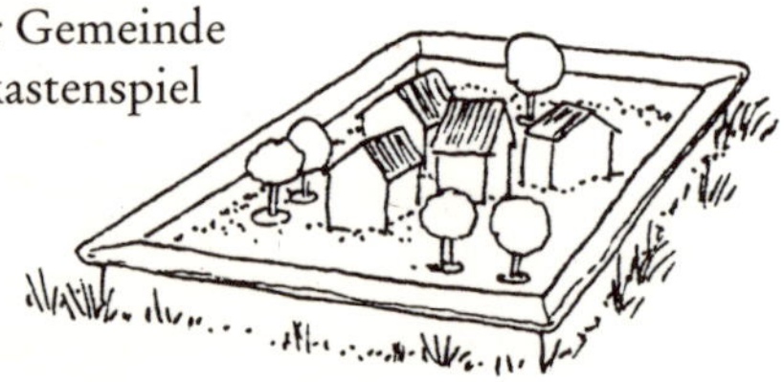

1. Kapitel

Erlebniswelt Erde

Ein Fleckchen Erde

Wie genau sieht denn die Erde aus? Beginnen Sie dieses Entdeckungsspiel im Garten.
Wer kann ein Stück Erde sehen?
Diese Frage erstaunt die Kinder, doch dann entdecken sie hier und dort Erde: auf dem Spielplatz, im Blumenbeet, auf dem Weg im Rasen und im Pflanzenkübel - überall Erde.

Schau mal auf die Erde

Die Kinder gehen im Garten umher und betrachten aufmerksam die Erde. So unterschiedlich kann Erde aussehen, zum Beispiel:

- dunkelbraun oder hellbraun,
- mit Sand oder mit Steinchen,
- mit Gräsern oder Blumen,
- mit Blättern oder mit Wurzeln.

Hier ist die Erde am schönsten

Zum Schluß bleibt jedes Kind dort stehen, wo ihm ein Fleckchen Erde am besten gefällt. Mit einem Wollfaden umrahmt es seine Lieblingsstelle. Dann ziehen alle Kinder von Lieblingsort zu Lieblingsort, und jedes Kind beschreibt den andern, was auf seinem Stück Erde zu sehen ist und was ihm so gut gefällt.

Ganz nah an die Erde heranrücken

Nur stehen und auf den Boden schauen, das reicht nicht aus, wenn man die Erde genau anschauen möchte. Da müssen die Kinder schon ein bißchen näher an die Erde heranrücken.
Ist das Wetter schön warm und der Boden nicht feucht, dann kann das Spiel so weitergehen:
Die Kinder setzen oder legen sich auf den Erdboden. Aus dieser Nähe betrachten sie die Erde. Jetzt werden sie Neues entdecken, das sie vorher gar nicht gesehen oder nicht beachtet haben.
Für dieses Entdeckungsspiel sollten die Kinder viel Zeit haben.

Einen Bilderrahmen für die Erde

Für manche Kinder ist es ungewöhnlich, so lange und konzentriert auf eine Stelle zu schauen. Dafür ist ein Bilderrahmen eine gute Hilfe.
Die Kinder schneiden aus Kartonpapier vier etwa 50 cm lange Streifen aus. Diese kleben sie mit Klebestreifen oder Klebstoff zu einem Rahmen zusammen. Diesen legen die Kinder auf die Erde. Jetzt können sie das eingerahmte Erdebild genau betrachten.
Am besten ist es, wenn immer zwei Kinder einen Bilderrahmen zum Schauen benützen. Dann können sie ihre Beobachtungen miteinander austauschen.

Im Bildermuseum

Sicher wollen die Kinder auch wissen, was in den eingerahmten Erdbildern der andern Kinder zu sehen ist. Dazu dieses Spiel:
Eine Musik wird gespielt (Kassettenrecorder oder Flötenspiel), und alle Kinder gehen in ihrer „Bilderausstellung“ hin und her. Wenn die Musik verstummt, bleiben die Kinder stehen und schauen sich nach dem nächstliegenden Bilderrahmen auf der Erde um. Es können immer zwei Kinder ein Erdbild betrachten. Sobald die Musik wieder zu hören ist, gehen die Kinder weiter - bis die Musik wieder aufhört ... usw.

Bodenlotto:
Bei diesem Spiel werden die Erdbilder verglichen und Besonderheiten entdeckt. Der Spielleiter fragt zum Beispiel nach einem kleinen Blatt oder einer gelben Blüte, einem Grashalm, einem Stein, nach etwas Grünem, etwas Weichem, etwas Hartem . . ., und die Kinder schauen in ihrem Erdebild nach, ob dort so etwas zu sehen ist.
Achtung: Blüten oder Blätter stehen lassen und nicht abreißen, um sie zu zeigen. Denn das Erdebild soll unbeschädigt bleiben, so wie man auch Kunstwerke in Museen nicht berühren darf.

Erdfarben

Welche Farbe hat die Erde?

Die Erde ist braun! Stimmt! Doch wer die Erde genauer anschaut, der wird gleich feststellen, daß die Erde nicht einfach braun ist, sondern hellbraun, braunrot, grün, gelb, grau und sogar schwarz aussehen kann.
Mit diesem Spiel werden die Kinder die verschiedenen Erdfarben selbst entdecken:
Jedes Kind bekommt ein Glas oder ein ausgedientes Marmeladeglas. Damit ziehen die kleinen Naturforscher los und sammeln an verschiedenen Stellen etwas Erde ein, zum Beispiel:
- in der Nähe des Hauses,
- neben dem Sandkasten,
- unter dem Baum,
- bei der Schaukel,
- am Gartenzaun,
- am Wegrand,
- unter Büschen.

Sind alle Gläser gefüllt, kann die Farbenuntersuchung beginnen. Alle Gläser werden nebeneinandergestellt. Welche Erde hat eine helle Farbe, welche ist dunkel, welche hat einen rötlichen oder einen gelben Farbton? Welche Erde sieht am hellsten und welche am dunkelsten aus? Welche Erden sehen gleich aus?
Die Kinder schauen, vergleichen und sortieren. Sie berichten auch, an welcher Stelle im Garten sie diese Erde eingesammelt haben.

TIP: Klar, daß Naturschützer die eingesammelte Erde nicht in den Müll schütten, sondern im Garten verteilen!

Die Kinder malen ein Blatt voll Erde

Nachdem die Kinder die verschiedenen Farben entdeckt und verglichen haben, versuchen sie, ein Erdebild mit ihrer Lieblings-Erdfarbe zu malen. Die Kinder können dazu verschiedene Maltechniken anwenden:

- *mit Wasserfarben:*
  Verschiedene Braun-, Gelb- und Rottöne miteinander mischen.
- *mit Wachsmalkreiden:*
  Mit mehreren Farbtönen das Blatt übermalen, dann mit einem Lappen die Konturen verwischen.
- *mit Tafelkreiden:*
  Verschiedene Farben neben und übereinander malen und mit einem Lappen verwischen.
- *mit Fingerfarben:*
  Die Farben neben- und übereinander auftragen.

Farben aus Erde selbstgemacht

Erdkreide
Die Kinder zerbröckeln die Erde und zerstampfen sie mit einem Stein, bis sie fein und bröselig ist.

Dann nehmen sie einige Erdbrösel und malen damit auf das Papier, genauer gesagt reiben sie die Erde auf dem Papier hin und her. So entstehen grobe Erdfarbspuren, die mit dem Finger oder einem Lappen weiter verstrichen werden.

Erdmalfarben
Die fein zerstampfte Erde mit Wasser zu einem dicken Brei verrühren, einen Tag stehen lassen, dann Tapetenkleister (selbst angerührt) untermischen.
Tapetenkleister ist hier das Bindemittel und verhindert, daß die Farben nach dem Trocknen nicht wieder abblättern. Als Bindemittel sind auch Mehlkleister, Leinöl oder Caparol geeignet. Die Erdmalfarben können in gut verschließbaren Gläsern aufbewahrt werden. Zum Malen eignen sich am besten dicke Pinsel.

Krümelerde und Matsche

Dreckspatz!

Kaum zu glauben, aber wahr: Viele Kinder haben Hemmungen und getrauen sich nicht mehr, mit der Erde zu spielen, mit den Händen in die Erde zu graben, darin zu wühlen, damit zu manschen und zu matschen. Das haben sie verlernt! Wie kommt das?
Es ist das Ergebnis einer übereifrigen Sauberkeitserziehung im weitesten Sinne: „Pfui, du Dreckspatz!“ heißt es, wenn die Kinder mit Erde spielen wollen. Sie werden von ihrem Spiel weggezerrt, und ein Waschen und Reinigen beginnt, bis auch der kleinste Erdkrümel abgeschrubbt ist! Die Mutter schimpft über den „Dreck“ an Kleidern und Händen und wischt auch gleich jede Erdespur auf dem Boden weg. Doch, wie sollen die Kinder elementare Erfahrungen mit Erde machen, wenn ihnen das Spielen mit Erde, das lustvolle Erdekrümeln und Matschen vorenthalten wird?
Und Sie? Können Sie mit den Händen in der Erde wühlen, macht Ihnen das Matschen Spaß, oder ist Ihnen das zu dreckig und Sie ziehen lieber Gartenhandschuhe an?
Vielleicht gelingt es Ihnen, zusammen mit den Kindern wieder Spaß am Spielen mit der Erde zu bekommen. Und Dreckspatz wird ein liebevolles Kosewort! Dazu die nachfolgenden Spielanregungen.

Die Erde streicheln

Die Kinder streichen mit den Händen über den Erdboden. Ist er eben, ist er hart, ist er weich? Ist er trocken oder feucht?
Die Kinder versuchen, das, was sie fühlen und tasten, mit Worten zu beschreiben.

Wörter für die Erde

Die Erde ist grobkörnig, bröselig, glatt, rissig, kahl, steinig, sandig, klebrig, klumpig, weich, hart, feucht, naß, trocken . . .
Vielleicht erfinden die Kinder eigene Bezeichnungen, die noch viel passender sind für das, was sie mit den Händen fühlen.

Erdgesichter

Die Erde bekommt ein großes Gesicht. Die Kinder formen auf dem Erdboden Augen, Augenbrauen, Nase mit Nasenlöchern, Ohren, Mund und Zähne. Die Haare könnten Grasbüschel oder Zweige sein.

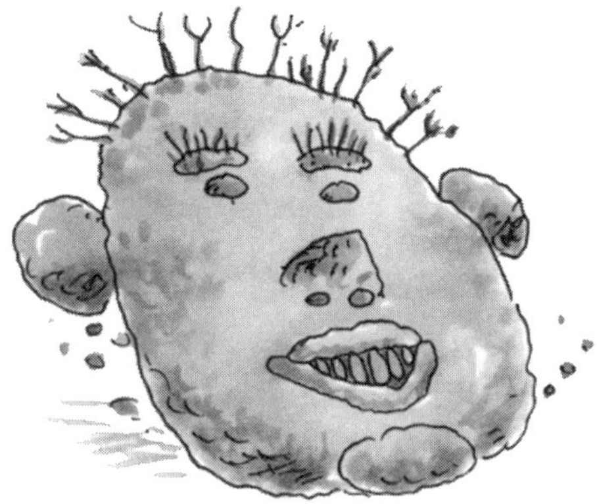

Mit Erde spielen

Einen Sandkasten gibt es in jedem Kindergarten, doch gibt es auch einen „Erdkasten"? Er muß ja nicht gleich so groß wie ein Sandkasten sein, ein kleiner, aufgeschütteter Erdhügel tut es auch. Oder gibt es in Ihrem Garten eine Ecke, in der kein Gras wächst? Dann ist das jetzt die Spielecke für die nachfolgenden Spiele:

- Die Erde zwischen den Fingern zerkrümeln.
- Die Erde kneten und Figuren daraus formen. Ist die Erde nicht feucht genug, Wasser dazu gießen.
- Eine Burg wie eine Sandburg gestalten mit Türmen, Straßen, Mauern und Wassergräben.
- Mit Sandförmchen Erdkuchen backen.
- Erde in Eimer füllen, ausschütten, umschütten.
- Murmelbahnen bauen.

Rätselwege

Ein Kind bekommt die Augen verbunden. Seine Hand wird eine kleine Wegstrecke auf dem Erdboden entlanggeführt, und zwar so, daß die ganze Hand die Erde fühlen kann. Danach wird die Augenbinde wieder abgenommen, und das Kind muß den gleichen Weg wiederfinden, genauer gesagt, wieder ertasten.
Wer bei diesem Spiel auf die Beschaffenheit der Erde achtet, der findet den Weg schnell wieder heraus. Da kann man zum Beispiel Bodenwellen oder Gräben tasten, auch Steine oder Zweige, dicke oder feine Erdkrumen, feuchte oder trockene Stellen.

Verschiedene Arten von Erden

Es gibt verschiedene Erdsorten

Sammeln Sie verschiedene Erden, jeweils eine Handvoll genügt. Am besten füllen Sie die Erdsorten in kleine Gläser mit Schraubverschluß. Sammeln Sie Erde von Gärten, Parks und Baustellen, an Ufern von Seen, Teichen oder Bächen, von Wäldern, Wiesen und Feldern.
Viel mehr Spaß macht es, wenn Sie zusammen mit den Kindern einen kleinen Ausflug machen und dabei verschiedene Erden einsammeln.

Welche Erde ist das?

So prüfen die Gärtner die Qualität und Zusammensetzung der Erde: Wenn die Erde zwischen den Fingern durchrieselt, dann ist es sandige Erde. Wenn sich die Erde zu einer Kugel formen läßt, dann ist es Ton oder lehmhaltige Erde. Wenn sich die Erde formen läßt, dann aber wieder auseinanderkrümelt, dann ist es humushaltige Erde.

Jetzt können die Kinder auch einen Erdtest ausführen und fachmännisch die Erden miteinander vergleichen. Was entdecken sie? Wie empfinden sie die Unterschiede? Können sie die Unterschiede auch mit Worten beschreiben?
Die gesammelten Erden werden nebeneinander auf einem Tisch oder im Garten auf dem Steinboden ausgeschüttet.

Eine Handvoll Erde

Dieses Ratespiel ist nicht einfach, aber um so spannender: Ein Kind bekommt eine Handvoll Erde gereicht. Nun muß es die Erde mit den Fingern abtasten, prüfen, vielleicht auch daran schnuppern, um herauszufinden, welche Erde es ist. Es kann die Erdsorten, die vor ihm liegen, ebenfalls prüfen und vergleichen. Wird es die gleiche Erde herausfinden?
Wer will das Ratespiel mit verbundenen Augen spielen?

Mischerde

Die meisten Erden sind ein Gemisch aus verschiedenen Erdsorten, zum Beispiel Sand, Ton und Humuserde. Das können die Kinder mit diesem Wassertest entdecken:
Ein großes Glasgefäß, zum Beispiel ein Einmachglas, zu einem Viertel mit Erde füllen, dann mit Wasser auffüllen, kräftig umrühren, so daß die Erde aufgewirbelt wird. Zum Schluß das Testglas an einem ruhigen Ort stehen lassen.
Nach einem Tag können die Kinder erkennen, daß sich in dem Glas verschiedene Erdschichten abgesetzt haben.

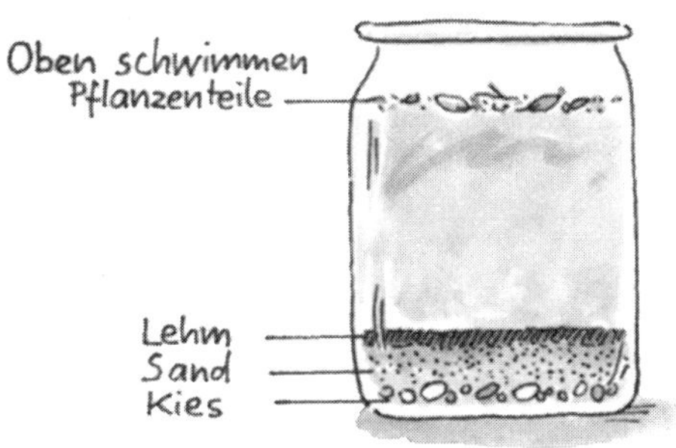

Lieblingserde der Kresse

Pflanzen mögen nicht jede Erde und bevorzugen ihren Lieblingsboden. Welche Erde ist es? Das sollen die Kinder mit Kressesamen selbst herausfinden.
Sie füllen mehrere Blumentöpfe mit Erde, in jeden Topf eine andere Sorte, zum Beispiel einen Topf mit Sand, mit Lehm, mit Kakteenerde, mit Humus, mit einfacher Blumenerde und mit Walderde. Dann streuen die Kinder etwas Kressesamen in jeden Topf. Danach gut gießen!

Während der nächsten Tage müssen die Kinder ihre Töpfe täglich gießen und dafür sorgen, daß die Erde ausreichend feucht bleibt.
Bald werden die Kinder die Lieblingserde der Kresse herausfinden!
Ist der Test abgeschlossen, gibt es für die Kinder Butterbrote mit Kresse drauf. Schmeckt herrlich!

Erdboden

Wenn die Kinder ihren Garten und das übrige Kindergartengelände anschauen, werden sie feststellen, daß die Erde nur an wenigen Stellen „nackt“ ist. Meistens wächst Gras auf der Erde, oder es sind Steinplatten darüber gelegt, oder es ist ein Kieselsteinweg angelegt, vielleicht ist sogar ein Stück zubetoniert. Das können die Kinder genauer in Augenschein nehmen.

Die Erddetektive sind unterwegs

Die Kinder ziehen los in den Garten oder zum nächstgelegenen Spielplatz oder Park und schauen nach der Erde.
Wo ist sie?
Mit was ist sie überdeckt?
Die Kinder schauen auch unter Steinplatten, sofern sich diese wegschieben lassen, oder zwischen Kieselsteine, um zu sehen, ob darunter wirklich noch Erde liegt. Sie werden entdecken, daß oft zwischen den Steinplatten ein wenig Erde zu sehen ist, auch zwischen den Kieselsteinen blitzt manchmal etwas Erde hervor. Meistens wachsen an diesen Stellen kleine Pflänzchen.
Diese und andere Entdeckungen machen die Erddetektive und werden später, wenn alle Kinder wieder zusammengekommen sind, davon berichten.

Die Erde verkleidet sich

Die Erde schmückt sich mit verschiedenen Kleidern, da gibt es:

- das Wiesen-Kleid, mit vielen Gräsern und bunten Blumen;
- das Blumengarten-Kleid unter Büschen und Stauden;
- den Park-Mantel mit dichtem, grünem Rasen;
- das Acker-Gewand mit Getreide;
- das Gemüsegarten-Kleid mit vielen Gemüsebeeten;
- die Wald-Jacke mit weichem Moos;
- ...

Machen Sie mit den Kindern einen kleinen Rundgang und betrachten die verschiedenen „Kleidungsstücke“ der Erde. Vielleicht wollen die Kindern auch ein schönes Kleidungsstück für die Erde entwerfen und den Kleiderstoff dazu mit dicken Pinseln auf ein großes Blatt Papier malen.

Eine Fühlstraße für die Füße

Diese Fühlstraße wird die Kinder begeistern und lange Zeit ein beliebtes Spiel sein. Hier die „Bauanleitung“:
Die Straße wird in viele kleine Quadrate aufgeteilt, etwa 50 x 50 cm. Am besten ist es, wenn diese Quadrate mit Holzlatten oder Steinen eingerahmt werden. Wenn Sie die Fühlstraße auf der Spielwiese anlegen wollen, können Sie Flächen in dieser Größe einfach aus dem Boden stechen und die Grasfläche ausheben. Wenn Sie die Fühlstraße flexibler gestalten wollen, dann nehmen Sie kleine Holzkisten oder Obstkisten, legen diese mit Folie aus und füllen sie zur Hälfte mit Erde auf. Die Kisten werden als Straße nebeneinander gereiht oder wie ein Mosaik als Fläche oder Kreis zusammengesetzt.
Die Quadrate der Fühlstraße können so angelegt werden:

Die Böden müssen natürlich gegossen und gepflegt werden, zum Beispiel den Rasen schneiden oder die Wiese mähen. Weil es kleine Flächen sind, geht das auch mit der Gartenschere. Die Kinder werden diese Arbeit selber machen wollen!

Spiele auf der Fühlstraße

Zuerst wollen die Kinder einfach die Fühlstraße entlang gehen. Die einzige Spielregel ist: Barfuß gehen!
Dann können Sie zu neuen Spielformen anregen, zum Beispiel mit verbundenen Augen sich über die Fühlstraße führen lassen; oder mit verbundenen Augen nur ein Quadrat betreten und raten, welcher Boden es ist.
Lassen Sie die Kinder eigene Fühlstraßen-Spiele ausdenken, sie werden sicher tolle Ideen haben.

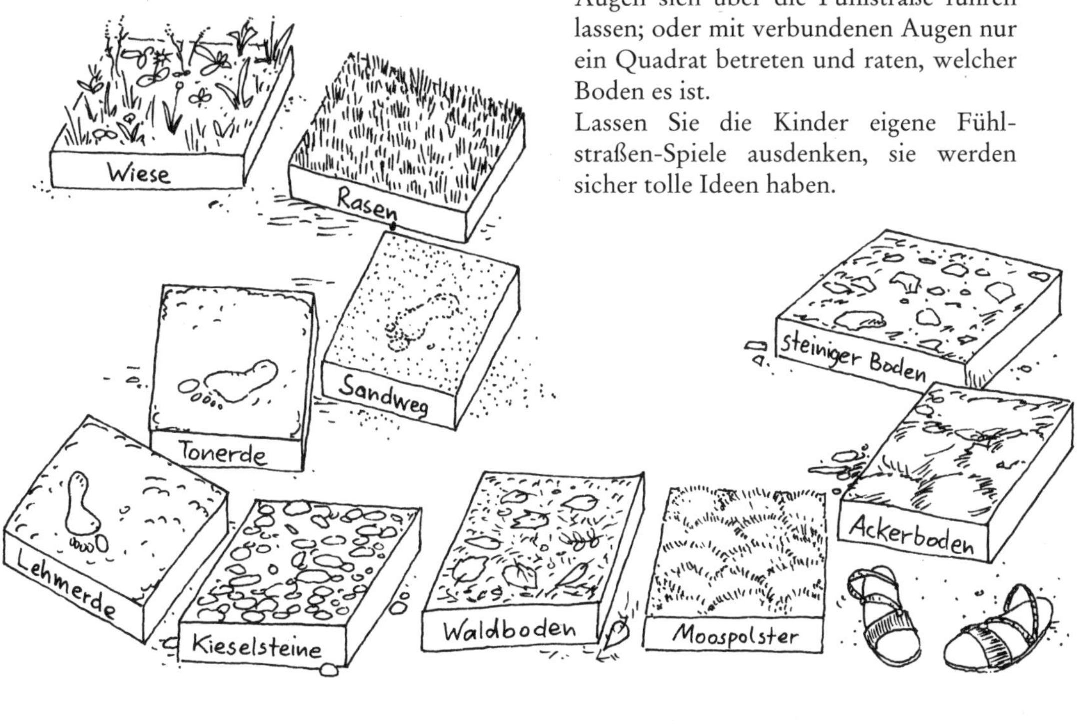

Mit den Füßen über Wiesen

Ein Tanzspiel

Text: Bernd Kohlhepp
Melodie: Jürgen Treyz

Tragen mich mal meine Beine
über spitze Kieselsteine,
muß ich sehen, daß es glückt,
denn die stupfen wie verrückt.
Denn die pieken, denn die kitzeln,
weil sie in die Sohle spitzeln.
Rennen, das hat keinen Zweck,
lieber achtsam drüber weg.

Übern Sand, den warmen, weichen,
läßt sich ganz vortrefflich schleichen,
weil man Spuren hinterläßt,
geh' ich langsam, ruhig fest.
Ist der Sand mal sehr erhitzet,
sind die Sohlen ungeschützet.
Renn' ich eilig, aber doch
irgendwo nach oben hoch.

Was ist denn bei weichem Moos
bloß beim Drüberschleichen los?
Ist nicht heiß und ohne Stupfen
kann ich schleichen, purzeln, hupfen.
Denn die Moose sind wie Felle,
läuft man drum nicht allzu schnelle.
Stehen, das ist angenehm
und da mach' ich's mir bequem.

Über regennasse Erden
seh' ich Füße schlammig werden,
stapf' ich unter großem Platsch
mit den Fersen in den Matsch.
Kann ich schliddern, kann ich gleiten
und Schlammschlachten auch bereiten.
Manchmal aber - plumps und platsch,
fällt man dabei in den Matsch.

Ein Guckloch in die Erde

Ein Loch ausgraben

Wollen die Kinder wissen, was unter der Erde ist? Dann macht es ihnen Spaß, dieses Guckloch auszugraben. Mit Spaten, Hacke, Schaufeln und Eimern ziehen die Kinder in den Garten und suchen eine Ecke, in der sie ein Loch in die Erde graben können. Das Loch muß nicht sehr breit sein, ein Durchmesser von 30 cm genügt.
Zuerst wird die Grasnarbe mit dem Spaten abgestochen, vorsichtig herausgehoben und in einer schattigen Ecke abgelegt. Dann geht es mit Hacke und Schaufeln weiter und Schicht um Schicht wird ausgegraben. Jeweils nach etwa 10 cm wird die ausgehobene Erde auf einen neuen Berg aufgeschüttet. Das „Guckloch" kann 30 bis 50 cm tief sein.

Ein Blick in die Unterwelt

Jetzt wird es spannend! Die Kinder schauen in das Guckloch. Vielleicht brauchen sie dazu auch eine Taschenlampe.
Was ist zu sehen?
Am Rand werden unterschiedliche Farbstreifen zu sehen sein, zum Beispiel hellbraun, dunkelbraun, rot, gelb. Das sind die verschiedenen Erdschichten. Sie fühlen sich feucht und weich oder trocken und hart an.

Schau genau

Während die einen Kinder durch das Guckloch in die Erde schauen, werden die anderen die aufgehäuften Erdhügel betrachten. Sehen alle gleich aus? Was ist anders?
Wer neugierig ist, kann eine Handvoll Erde nehmen, auf einem Blatt Papier ausbreiten und mit einer Lupe genauer anschauen. Die Kinder werden staunen, was sie da entdecken:

- Blätter
- Sandkörner
- Steinchen
- Pflanzenteile verschiedenster Art
- Wurzeln
- und . . . was krabbelt denn da?

Zum Schluß

Wenn alle Kinder in das Guckloch geschaut und die verschiedenen Erden untersucht haben, dann wird die Erde Schicht für Schicht in der richtigen Reihenfolge wieder in den Boden gefüllt. Als letzte Schicht wird die ausgehobene Grasnarbe wieder eingesetzt und kräftig gegossen.

Aufbau des Erdbodens

Jeder Boden wird andere Erdschichten vorweisen. Es kommt dabei auf die Umgebung an. Doch der Aufbau der Erdbodenschichten ist immer gleich:

Oberfläche: mit Gras, Laub oder Moos und abgefallenen Pflanzenteilen.

Oberboden: die Humusschicht aus zersetzten Pflanzenteilen und vielen kleinen Lebewesen, es ist der nahrhafte Mutterboden, in denen sich die Pflanzenwurzeln ausbreiten.

Unterboden: Je tiefer der Boden reicht, desto mehr nimmt die Humusschicht ab, und immer mehr Steine liegen dazwischen.

Muttergestein: Die unterste Schicht besteht aus großen Gesteinsbrocken. Die Art dieses Gesteins bestimmt die Zusammensetzung des darüberliegenden Bodens.

Felsgestein: Es ist das Urgestein, der Fels.

Krabbeltiere

Bis jetzt haben die Kinder vieles über die Erde erfahren, mit jedem Spiel rückten sie ihr ein bißchen näher. Anfangs schauten die Kinder die Erde im Stehen, von oben her an (siehe Seite 12), und zum Schluß betrachteten die Kinder die Erde ganz nah mit einer Lupe (siehe Seite 24). Sicher haben die Kinder bei den Beobachtungen längst auch die kleinen Krabbeltiere entdeckt, und Neugierde und Interesse ist jetzt groß, mehr darüber zu erfahren.

Lustiges Bodengetümmel

Im Boden, da ist was los! Viele, unendlich viele kleine Lebewesen leben dort. Sie krabbeln, kriechen, schlängeln, hüpfen, graben, bohren. In einer Handvoll Erde leben mehr Lebewesen, als es Menschen auf der ganzen Welt gibt.
Einige dieser kleinen Bodentierchen können wir mit bloßen Augen sehen, doch die meisten sind so winzig klein, daß sie nur mit Lupe oder Mikroskop entdeckt werden können. Je tiefer es in den Erdboden geht, desto winziger werden die Lebewesen, die dort leben.

Jedes Tierchen hat seinen Namen

Für die Kinder ist erst das, was einen Namen hat, auch wirklich vorhanden. Kaum zu glauben, aber alle diese kleinen Tierchen haben Namen. Es sind Würmer, Ameisen, Asseln, Schnecken und Käfer, und sie haben so interessante Namen wie:

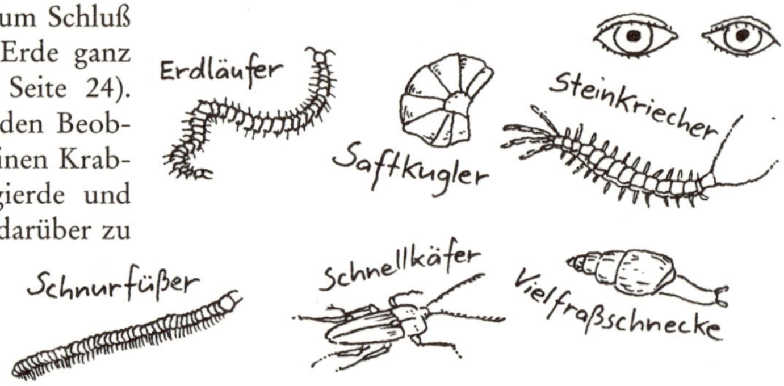

Auch die Bodentierchen, die noch viel kleiner und mit bloßem Auge gar nicht mehr zu sehen sind, haben Namen wie:

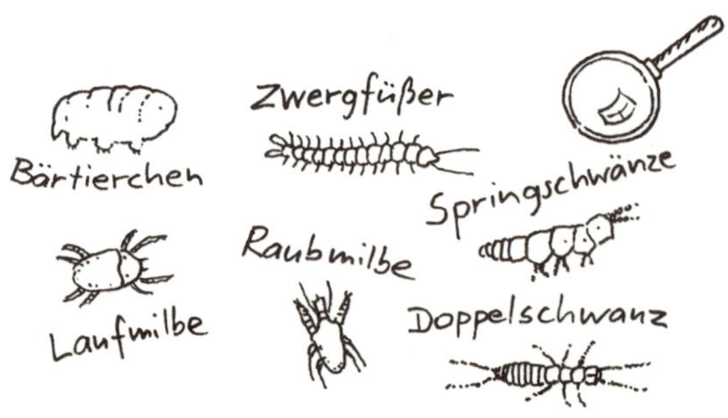

Und nochmals viel, viel kleiner sind die Tierchen, die so heißen:

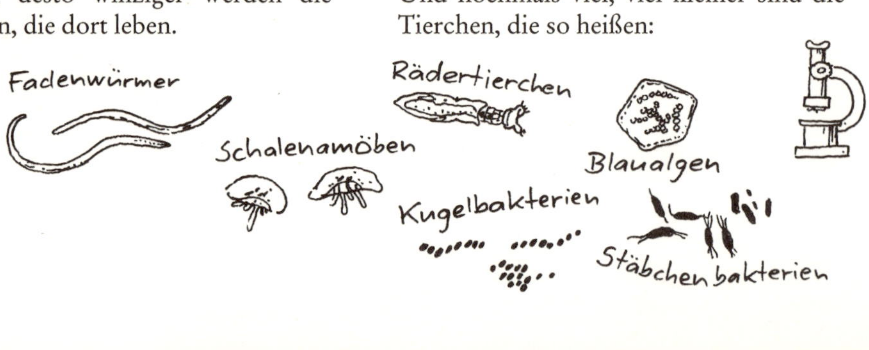

Alle Tierchen haben ein eigenes Aussehen

Die größeren unter ihnen leben an der Erdoberfläche. Sie haben Beine, Augen und meistens lange Fühler. Je tiefer die kleinen Erdbewohner leben, desto winziger sind sie. Ihre Körperformen sind länglich oder kugelig, sie haben sehr kleine oder gar keine Beinchen. Sie lieben den feuchten Boden und scheuen das Tageslicht. Manche haben keine Augen mehr, aber die brauchen sie unter der Erde auch nicht. Jede Tierart bevorzugt als Wohn- oder Lebensraum eine bestimmte Bodenschicht.

TIP: Mehr Information über Insekten gibt es in dem Band „Luft“, Seite 122.

Die Winzlinge sind Nützlinge

Wir brauchen diese Bodentierchen. Denn sie sind es, die die Erde fruchtbar machen. Wie das?
Das kann man den Kindern ganz einfach erklären: Sie fressen die herabgefallenen Blätter, verwelkten Blumen, verdorrten Gräser, abgestorbenen Wurzeln und toten Tiere. Dabei stellen sie die Nährstoffe her, die die Pflanzen zum Wachsen brauchen. Wir Menschen brauchen die Pflanzen. Denn wir essen Gemüse und Obst und verarbeiten Getreide zu Brot.
Deshalb sind die kleinen und winzig kleinen Bodentiere für uns sehr nützlich!

Naturschutzgebiete für Krabbeltiere

Unter dem Stein:
Legen Sie eine Steinplatte auf die Wiese. Nach ein paar Tagen schauen Sie mit den Kindern unter dem Stein nach! Da ist was los!

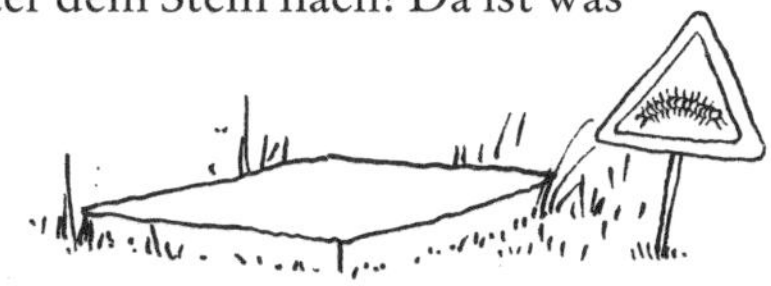

Unter dem Laub:
Wenn sich in einer Ecke Laub angesammelt hat, braucht man dieses nur vorsichtig zur Seite zu schieben, und schon gibt es viel zu sehen!

Unter dem Gras:
Heben Sie vorsichtig ein Stück von der Grasnarbe der Wiese ab. Darunter verbirgt sich ein munteres Krabbel-Leben.

Unter einem Holzblock:
Das kann zum Beispiel ein Baumstamm sein, eine Holzplatte oder mehrere Holzscheite. Wenn man sie vorsichtig hochhebt oder beiseite schiebt, krabbelt und kringelt und kriecht es überall.

Von Würmern und Schnecken

Igitt, ein Wurm!

Ekeln Sie sich vor Würmern oder Schnecken? Das wäre bedauerlich, denn dann könnten Sie den Kindern diese Lebewesen gar nicht genauer zeigen!
Kinder empfinden normalerweise vor diesen Tieren keinen Ekel! Das lernen sie von uns Erwachsenen. Diese Ekelgefühle können sie aber wieder überwinden, mit Ihrer Hilfe. Das setzt voraus, daß auch Sie keine Probleme mit den Krabbeltieren haben.

TIP: Lernen Sie von den Kindern, die Ekelgefühle zu verlieren.

Einfach drauftreten?

„Hilfe, ein Ohrwurm!“, ruft Sandra und tritt energisch das kleine Tier tot. Mit der Miene eines Siegers geht sie stolz weiter, die Gefahr ist vorüber, sie möchte von den andern für ihren Mut bewundert werden . . .
Und was werden Sie jetzt tun?
Erzählen Sie den Kindern mehr von den Ohrwürmern. Zeigen Sie, daß wir Menschen auch die kleinen Tiere schützen sollten.

Der Ohrwurm

Ein Ohrwurm ist ein harmloses, kleines Tier. Seine großen Zangen geben ihm ein wildes Aussehen. Die Geschichte, daß er als Ohrzwicker ins Ohr kriechen und beißen könnte, ist dummer Unsinn! Mit den großen Zangen kann ein Ohrwurm weder stechen noch bohren noch beißen, auch nicht den kleinsten Riß in unsere Haut reißen. Er benützt die Schere am Hinterleib als „Gabeln“, mit denen er seine Nahrung packt und vorne in seinen Mund schiebt. Das ist ein ganz schönes Kunststück! Ohrwürmer fressen Würmer, Raupen, Blattläuse und abgefallene Pflanzenreste - und sind deshalb für den Garten sehr nützliche Tiere. Tagsüber lieben sie es, zwischen engen Ritzen mit anderen Ohrwürmern zusammengedrängt zu schlafen, erst nachts werden sie munter. Viele Gärtner richten für die Ohrwürmer ein Nest aus einem Tontopf, den sie dicht mit Stroh oder Holzwolle ausstopfen und an einen Baum hängen. Sie wollen die Ohrwürmer einladen, im Garten wohnen zu bleiben.

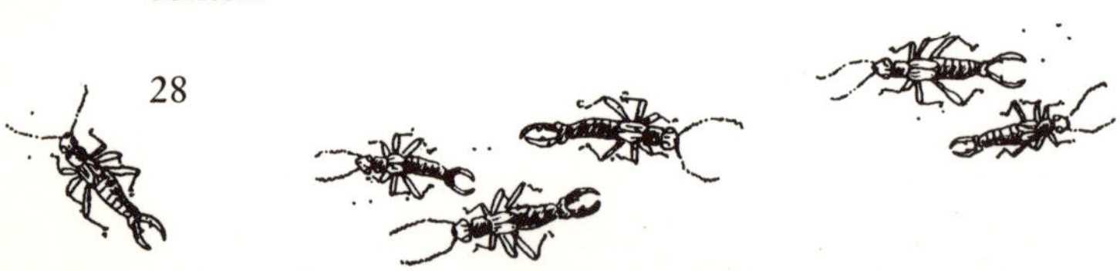

Die Schnecke

Wer hat Geduld, einer Schnecke bei ihrem langsamen Schneckentempo zuzuschauen?
Auch von der Schnecke gibt es Interessantes zu erzählen: Am wohlsten fühlt sich die Schnecke, wenn alles feucht und naß ist. Ist der Weg trocken, muß sie viel Schleim erzeugen, damit sie über diese feuchte Spur weiterrutschen kann. Die gleitende Fortbewegung der Schnecke kann man gut beobachten. Es ist eine wellenförmige Muskelbewegung der Fußsohle. Setzen Sie eine Schnecke auf eine Glasscheibe, so können die Kinder diese Vorwärtsbewegung genau beobachten.
Die Schnecken fressen am liebsten feine Blättchen von Blumen und Salat. Ihre Nahrung können sie mit ihren kleinen, unteren Fühlern in einer Entfernung von 50 cm riechen. Mit den größeren Fühleraugen sehen sie nur hell oder dunkel oder einfache Umrisse. Deshalb zieht die Schnecke auch schnell ihre Fühler ein, wenn nur ein Schatten auf sie fällt.
Bei Trockenheit hält sich die Schnecke in feuchten Ecken auf oder zieht sich in ihr Haus zurück und verschließt den Eingang mit einer Schleimhaut.
Es gibt rote, braune oder schwarze Schnecken, mit und ohne Gehäuse. Die Weinbergschnecke hat ein graues Haus, die Schnirkelschnecke ein rosa, gelb oder braunes und die Bernsteinschnecke ein glasartiges, spitzes Haus.

Schnecken-Bastelei

Da gibt es die Schneckenspirale, die die Kinder gerne mit Knete nachformen oder mit bunten Legesteinchen oder Schnur legen.
Dann gibt es die vielen Schnecken aus Papier oder Karton, aus Ton oder Salzteig. Vielleicht hat eine Kneteschnecke sogar ein echtes Schneckenhaus obenauf!

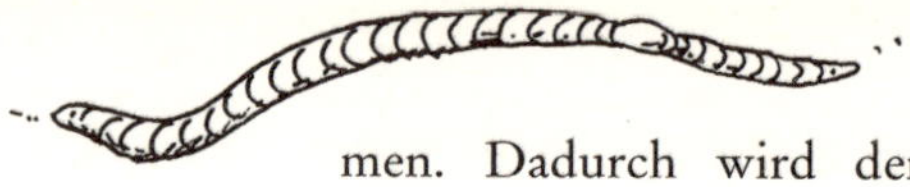

Der Regenwurm ist ein fleißiger Gärtner

Wenn wir den Regenwurm nicht hätten

Was wäre dann?
Dann gäbe es keine gute Erde! Dann könnten die Pflanzen nicht gut wachsen. Und wir hätten nicht ausreichend zum Essen. Natürlich ist es nicht allein der Regenwurm, der diese Bodenarbeit für uns macht. Auch die andern kleinen Bodentierchen sind dabei beteiligt (siehe Seite 26). Doch der Regenwurm ist ein besonders fleißiger Erdarbeiter.

Regenwurmgeschichten ... und was die Kinder entdecken

Wenn es die Kinder interessiert, können Sie mehr über den Regenwurm erzählen: Unermüdlich arbeitet der Regenwurm und sorgt dafür, daß wir eine fruchtbare Erde bekommen. Er wühlt viele Gänge in die Erde. Durch harte Erde muß er sich richtig durchfressen, um weiterzukommen. Dadurch wird der Boden aufgelockert, Luft und Wasser dringen ein, und die feinen Wurzeln der Pflanzen können sich in den Gängen besser ausbreiten.
Der Regenwurm zieht verrottete Pflanzenreste in seine Gänge, weicht sie mit seinem Schleim auf und verspeist sie mit Erde. Was er dann ausscheidet, ist allerbester Erdboden, voll mit wertvollem Dünger für die Pflanzen.
Der Regenwurm hat am Kopf starke Muskeln, mit denen er die Erde auseinanderdrückt. Auf diese Weise bewegt, durchwühlt und bearbeitet er riesige Mengen Erde.

Das können die Kinder entdecken:
Wenn sie über einen Rasen oder eine abgemähte Wiese gehen, sehen sie kleine Erdkrümelhäufchen. Sie stammen vom Regenwurm.

Der Regenwurm baut unter der Erde lange, viel verzweigte Tunnelgänge. Sie reichen bis in eine Tiefe von 2,5 m.

Das können die Kinder entdecken:
Messen Sie mit den Kindern die Höhe des Gruppenraumes aus. So tief gräbt ein kleiner Regenwurm seine Gänge in die Erde.

Ein Regenwurm kann bis zu 10 Jahre alt werden. Im Winter kriecht er in seine untersten Gänge, kringelt sich ein und hält seinen Winterschlaf. Erst im Frühling kommt er wieder nach oben und führt seine Arbeit im Erdboden fort.
Im Sommer, wenn es sehr heiß und der Boden ausgetrocknet ist, wandert der Regenwurm ebenfalls in seine tieferen Gänge ab, um sich dort in den feuchten, kühlen Bodenschichten aufzuhalten.

Da können die Kinder helfen:
Wer einen Regenwurm vor dem Austrocknen retten will, der trägt ihn vorsichtig an ein schattiges Plätzchen. Dort kann sich der Wurm schnell einen neuen Erdgang graben und verschwinden.

Regenwürmer haben keine Augen. Sie können an einer Stelle am Hinterkopf nur Helligkeit und Dunkelheit erkennen.
Regenwürmer haben auch keine Ohren und können nichts hören. Sie haben jedoch einen sehr guten Tastsinn und spüren jede feinste Bodenschwingung. So bemerken sie, wenn ein Vogel angehüpft kommt oder Regentropfen auf die Erde fallen.

Das können die Kinder beobachten:
Die Kinder suchen auf der Wiese eine Stelle mit vielen Regenwurmhäufchen. Dort stellen sie eine leere Blechbüchse umgedreht auf die Erde und trommeln mit den Fingern auf den Büchsenboden. So ahmen sie das Klopfen der Regentropfen nach. Jetzt kann es passieren, daß ein Regenwurm auftaucht, weil er meint, es würde regnen.

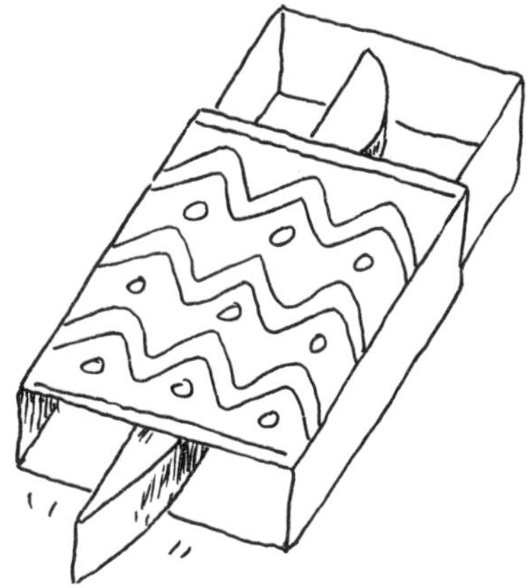

Regenwurm-Theater

In diesem kleinen Theater erzählt der Regenwurm den Kindern seine Regenwurmgeschichten.
So wird das Theater gebastelt:
Die Hälfte einer Holzwäscheklammer ist der Regenwurm, eine bunt beklebte Streichholzschachtel die Bühne. Dabei muß ein Rand der Innenschachtel abgeschnitten werden, damit der „Regenwurm“ von unten her in der Bühne bewegt werden kann.

Gute Erde

„Gute Erde“ ist fruchtbare Erde, in der Pflanzen gut wachsen und prächtig gedeihen. Gute Erde enthält Humus. Humus ist eine krümelige, dunkle Erde mit Nährstoffen, das ist die Nahrung für die Pflanzen.
Es gibt auch unfruchtbar gewordene Erde. Hier wächst kein Pflänzchen mehr. Doch wenn man Humus untermischt, kann sie wieder fruchtbar werden.

Information für Schlaumeier:
Die Bodentiere, Bakterien und Pilze zersetzen die pflanzlichen und tierischen Reste, dadurch werden die organischen Stoffe wie Wasser, Kohlendioxid und Mineralsalze wieder frei. Diese Nährstoffe werden von den Wurzeln der Pflanzen aufgenommen.

Was der Erde genommen wird, soll man ihr wieder zurückgeben

Das ist eine alte und weise Regel der Bauern und Gärtner. Was damit gemeint ist, kann den Kindern mit diesem Beispiel verständlich gemacht werden:
Die Kinder essen Äpfel, und übrig bleibt das Kernhaus. Diese Reste sind kein Abfall! Wenn man das Kernhaus auf die Erde legt, werden daraus mit Hilfe der Regenwürmer und den anderen Bodentierchen Humus. Dieser Humus enthält Nährstoffe, die der Apfelbaum zum Wachsen braucht. Mit seinen Wurzeln nimmt er die Nährstoffe auf - und im nächsten Jahr wachsen wieder Äpfel am Baum.

Einen Kompost anlegen

Können Sie in einer Ecke Ihres Kindergartens einen kleinen Kompost anlegen? Das wäre die beste Möglichkeit, den Kindern den Kreislauf der Natur zu zeigen.
Wenn Sie in Ihrem Kindergarten ein Blumenbeet haben, wenn ein Wiese oder ein Rasen gemäht werden muß, dazu noch Herbstlaub anfällt, dann lohnt sich ein größerer Kompostbehälter aus Holzlatten oder Maschendraht.
Wichtig ist, daß der Kompost auf dem Erdboden aufgeschüttet wird. Es wird nicht lange dauern, und die Regenwürmer und andere Bodentiere ziehen in den Kompost ein, beginnen mit ihrer „Gärtnerarbeit" – und der Naturkreislauf nimmt seinen Lauf.
Wer einen Kompost anlegt und auf diese Weise selbst Humuserde herstellt, der trägt zum Schutz und Erhalt der Moorlandschaften bei, die immer weniger werden. Denn die im Kauf angebotene Blumenerde wird ausschließlich aus Mooren abgetragen.

Wohin mit dem Humus?
- Im Kindergarten auf das Blumenbeet oder rund um Büsche und Bäume verteilen;
- als Erde für Balkonblumen und Kübelpflanzen verwenden
- oder an Gartenbesitzer verschenken!

Ratschläge für den Kompost

- Das alles kommt in den Kompost: Verblühte Blumen, verwelkte Blätter, ungekochte Obst- und Gemüsereste, kleine Zweige, abgemähtes Gras, Kaffee samt Filterpapier, Teeblätter samt Teebeutel, auch unbedrucktes, in Stücke gerissenes Papier, Küchenkrepp, Pappe und Wellpappe, zerbröselte Eierschalen.
- Rasenschnitt und Herbstlaub ganz locker auffüllen, dazwischen kleine Zweige legen, damit der Kompost gut durchlüftet und Fäulnis verhindert wird.
- Keine Schalen von Zitrusfrüchten!
- Keine Reste von gekochten Speisen, Wurst, Käse oder Brotreste, sonst finden sich Mäuse und Ratten ein.
- Den Kompost an einem schattigen Ort aufstellen und immer feucht halten.
- Nach einer 20 cm hohen Kompostschicht eine dünne Schicht Erde oder Mulch aufschütten, oder Hornmehl oder Rizinusschrot darüberstreuen.
- Auf diese Weise den Kompost Schicht für Schicht auffüllen. Ist der Behälter randvoll, zum Schluß eine 10 cm dicke Schicht Laub, Rasenschnitt oder Pappeschicht auffüllen und mit Erde abdecken.
- Der abgedeckte Kompost muß 2 Jahre ruhen - danach kommt beste, feinkrümelige, nährstoffreiche Humuserde hervor.
- Wer es eiliger hat, kann Schnellkomposter untermengen, dann ist der Kompost bereits nach einem halben Jahr fertig.

Was treiben die Pflanzen unter der Erde?

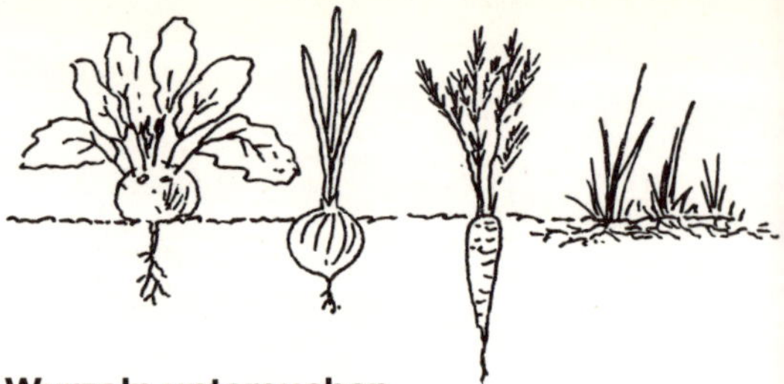

Wurzelwunderwerk

Die Pflanzen halten sich mit ihren Wurzeln in der Erde fest. So fallen sie nicht um, und große Pflanzen, die Bäume, können himmelhoch wachsen.
Die Wurzeln haben im Erdboden noch mehr zu tun. Sie nehmen Regenwasser aus der Erde auf und pumpen es nach oben in den Stengel der Blume oder in den Stamm des Baumes. Zusätzlich nehmen die Wurzeln Nährstoffe aus der Erde auf, damit die Pflanze wachsen kann. Diese Nährstoffe bereiten die Bodentiere zu (siehe Seite 27).
Die Wurzeln können winzig klein oder riesengroß sein und sich wie Zweige unter der Erde verästeln.
Es gibt lange Pfahlwurzeln, wie sie zum Beispiel eine Mohrrübe oder ein Löwenzahn hat. Flachwurzeln haben Erbsen und Gräser. Kohlrabi und Dahlien wachsen aus Knollenwurzeln, und Wurzeln als Zwiebeln sind die Gemüsezwiebel und die Tulpenzwiebeln.
Es gibt Hauptwurzeln, Seitenzweige und kleine Wurzelhärchen, die Härchenpelz heißen. Diese Wurzelhärchen sind es, die das Wasser und die Nährstoffe aufsaugen.

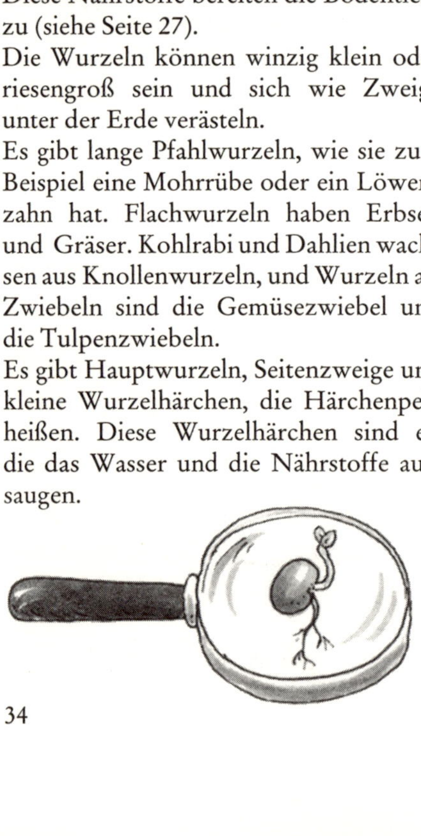

Wurzeln untersuchen

Versuchen Sie, verschieden große Wurzeln von Büschen, Blumen und Gemüse zu bekommen. (Vorsicht, keine Wurzeln nehmen, die giftige Säfte ausscheiden!)
Jetzt können die Kinder ihre Naturbeobachtung selber durchführen: Wie sehen die Wurzeln aus, was für eine Farbe, Größe und Form haben sie, wie fühlen sie sich an, wie riechen sie?
Wenn die Kinder die Wurzeln mit Ton oder Knete nachformen oder mit Buntstiften Wurzelbilder malen, wird ihre Beobachtung gefördert.

Die Härchenwurzeln

Bei diesem Experiment können die Kinder die Härchenwurzeln entdecken: Radieschensamen einen Tag in Wasser legen, dann in einer flachen Schüssel ausbreiten und zudecken, so daß die Samen im Dunkeln keimen können. Morgens und abends die Keimlinge wässern, das heißt Wasser in den Teller gießen und wieder abschütten. Nach spätestens vier Tagen können die Kinder bei den Keimlingen die zarten Härchenwurzeln sehen – und natürlich auch den feinen Wurzelkeim und die Keimblätter.

„Ganz schön schlau"

Die Wurzeln wachsen immer in die Richtung, wo sie Wasser antreffen. Woher sie das wissen? Diese Frage läßt sich nicht genau beantworten, aber um so genauer zeigen. Das geht so:
Bohnen ankeimen lassen (siehe Experiment links). Ist der Wurzelkeim ausreichend groß, den Keimling umsetzen, und zwar in die Ecke eines flachen Behälters, in die andere Ecke einen Topf aus Ton (ohne Bodenloch) stellen und mit Wasser auffüllen. Dann den Behälter mit feiner Krümelerde oder mit Sägemehl füllen. Nach einigen Tagen die Wurzeln der Keimlinge freilegen - und die Kinder sehen, daß alle Wurzeln in die gleiche Richtung zeigen, nämlich dorthin, wo der Wassertontopf steht.
Klar, daß die kleinen Pflänzchen in einer Ecke im Garten weiterwachsen können.

Liebevoll streicheln

Beim nächsten Spaziergang schauen die Kinder den Pflanzen auf die „Füße". Sie schauen bei Bäumen, Sträuchern, Blumen und Gräsern nach, ob auf dem Erdboden Wurzeln zu erkennen sind oder sogar herausschauen. Wollen die Kinder diese Wurzeln anfassen? Aber nur vorsichtig abtasten - und liebevoll streicheln.

Die kleinen Wurzelzwerge

Es heißt, die kleinen Wurzelzwerge wohnen unter den Wurzeln der großen Bäume. Tagsüber schlafen sie in ihren Höhlen unter der Erde. Aber zur Dämmerstunde, wenn die Sonne den Abendhimmel rot färbt, wenn der Mond seine Reise über den Sternenhimmel beginnt, wenn die Erde ihren würzigen Erdenduft verbreitet, dann . . .
ja dann kommen die Wurzelzwerge aus ihren Höhlen herausgekrabbelt! Dann hüpfen sie auf den Moospolstern, springen über die Kieselsteine, rutschen über die glatten Baumwurzeln, tanzen über die Wiese. Sie singen und lachen, rufen und kichern, jauchzen und jubeln. Manchmal ahmen sie Tierstimmen nach: das Quaken der Frösche, das Zirpen der Grillen oder das Piepsen der Mäuse.
Man kann die Wurzelzwerge nicht sehen, denn sie haben Tarnkappen auf.
Nur einmal habe ich einen kleinen Wurzelzwerg gesehen, und das kam so:

Die Geschichte

Ich saß unter einer großen Eiche. Es war am 15. Juli, einem wunderschönen Sommertag. Es war Abend geworden, die Sonne verschwand langsam am Horizont und kündete mit einem rotleuchtenden Abendhimmel das schöne Wetter des nächsten Tages an. Die Dämmerung zog ein, der Mond erschien am Himmelszelt, und die ersten Sterne blinzelten durch den Nachthimmelvorhang. Es roch nach Wiesenblumen und Gras. Ringsum war es friedlich still.
Da hörte ich plötzlich ein lautes Grillenzirpen und übermütiges Mäusepiepsen. Aber nichts war zu sehen! Nur das Moospolster schien in Bewegung zu geraten, kleine Kieselsteine kullerten ein Stück weiter, Gräser wippten auf und ab und Blumen neigten sich zur Seite.
Da flog plötzlich ein kleines, rotes Käppchen durch die Luft und landete auf meinem Schoß. Ich nahm es in die Hand und schaute es verwundert an. Wo kam es her? Was ist passiert?
Da hörte ich neben mir ein Stimmchen rufen: „Nun gib schon her!“ Ich drehte mich zur Seite, schaute auf den Boden –
. . . und sah ein kleines Männchen, das aufgeregt hin- und herhüpfte.
„Das ist meine Kappe! Gib sie mir wieder!“ rief der kleine Zwerg verärgert und drohte mir mit seinen Fäusten!
„Wer bist du?“ fragte ich.
„Sag' ich nicht!“ antwortete der Zwerg.

„Ich gebe dir erst deine Kappe wieder, wenn du mir verrätst, wer du bist!“
„Muß das sein?“ jammerte der kleine Zwerg.
„Ach bitte, ja!“ antwortete ich.
„Ich bin ein Wurzelzwerg und wohne mit meiner großen Wurzelzwergfamilie unter diesem Baum zwischen den großen Wurzeln. Und nun gib mir meine Kappe, damit ich wieder verschwinden kann!“
Ich gab sie ihm, er setzte sie auf und war unsichtbar.
„Kleiner Wurzelzwerg“, sagte ich und schaute dabei in die Richtung, wo eben noch der kleine Zwerg stand, „morgen komme ich noch einmal hierher, zur gleichen Stunde, erzählst du mir dann mehr von dir?“
„Meinetwegen!“ hörte ich ihn sagen, „weil du mir die Kappe gegeben hast, erzähle ich dir morgen wieder etwas!“
„Und übermorgen?“ fragte ich vorsichtig.
„Gut!“ sagte der Zwerg und kicherte ein wenig, „jeden Abend, wenn du da bist, erzähle ich dir ein Stückchen mehr.“

Die Geschichte wird zum Erlebnis

Erzählen Sie diese Geschichte vom kleinen Wurzelzwerg so, als wäre es Ihr eigenes Erlebnis. Sie können die Eiche durch jeden anderen Baum ersetzen. Am besten ist es, sie beschreiben einen Platz und einen Baum, den die Kinder in ihrer nächsten Umgebung kennen. Das macht die Erzählung noch viel spannender.

Die Fortsetzung der Geschichte

Sammeln Sie jeden Tag mit den Kindern neue Fragen, die Sie beim nächsten Treffen unter der Eiche dem Wurzelzwerg stellen wollen. Die Antworten geben, genauer gesagt, phantasieren Sie selbst. Daraus kann eine lange Wurzelzwerggeschichte mit vielen Fortsetzungen werden!

Wunder in der Erde

Immer wieder staunen die Kinder über das Naturwunder, wie aus Samen, Kernen und Früchten kleine Pflanzen entstehen und wachsen.

Das Wunder passiert

So können die Kinder ganz genau beobachten, wie sich aus einem Samenkorn ein Keimling entwickelt:

- Ein Glas, zum Beispiel ein Marmeladeglas, ein Viertel mit Wasser auffüllen.
- Ein Löschpapierblatt einrollen und die Rolle so in das Glas stellen, daß das Papier an der Glaswand anliegt.
- Eine Bohne, zum Beispiel eine Feuerbohne (sie wächst am schnellsten) einen Tag in Wasser legen, danach zwischen Glaswand und Löschpapier stecken, und zwar so, daß sie 3 bis 4 cm unterhalb des Glasrandes festklemmt.
- Das Glas an einen hellen Ort stellen, immer wieder Wasser nachgießen.

Das können die Kinder beobachten:
Die Samenschale öffnet sich, ein helles Würzelchen kommt heraus, wird länger und länger und wächst in Richtung Wasser. Die Kinder können jeden Morgen am Glasrand mit einem Filzstiftstrich die Länge der Wurzel markieren.
Wer genau hinschaut, wird auch die feinen Wurzelhärchen erkennen (siehe Seite 34).
Bald schaut aus der Bohne auch der kleine Sproß heraus, die Keimblättchen entfalten sich, und ein kleiner Pflanzenstengel wächst nach oben, genau in die entgegengesetzte Richtung der Wurzeln. Langsam färbt sich der helle Sprößling grün, wird größer und kräftiger und wächst aus dem Glas heraus. Jetzt ist es Zeit, daß die kleine Pflanze in einen Topf mit Blumenerde umgesetzt wird.

Pflanzenkinder

Am besten ist es, wenn jedes Kind einen Bohnenkeimling ziehen kann. Es wird eifrig „sein Pflanzenkind“ versorgen und täglich genauestens beobachten. Schreiben Sie die Namen der Kinder auf die Gläser, damit Besitzerstreit vermieden wird. Lassen Sie die Kinder ihre Pflänzchen selbst eintopfen. Dabei fühlen die Kinder, wie weich und zart der Pflanzenkeimling ist. Bei dieser Arbeit sind alle sehr behutsam, denn es ist „ihr Pflanzenkind“, das sie großziehen.

Ein Pflanzenzelt im Kindergarten

Sind die Bohnenpflanzen groß genug, dann können die Kinder ihre „Schützlinge“ in den Garten pflanzen.
So wird das Bohnenpflanzenzelt gebaut: Wählen Sie mit den Kindern einen sonnigen, windgeschützten Platz. Besorgen Sie beim Gärtner für jede Bohnenpflanze eine dünne, lange Bohnenstange. Stellen Sie mit den Kindern die Stangen wie Zeltstangen auf, so daß die Spitzen oben ineinandergreifen und mit einer Schnur festgebunden werden können. Acht bis zehn Bohnenstangen reichen für ein Zelt. Wenn viele Bohnenpflanzen zur Verfügung stehen, können zwei oder drei Pflanzenzelte aufgestellt werden.

Es ist sehr spannend zu beobachten, wie die Bohnenpflanze immer höher klettert und die „Wände“ des Zeltes immer mehr zuwachsen.
Klar, daß man in diesen Zelten auch wohnen und spielen kann. Im Sommer wird es der Lieblingsort der Kinder werden, denn es ist hier herrlich schattig. Im Herbst werden die Kinder ihre Bohnen ernten und Bohnengerichte zubereiten. Im Winter wird die grüne Wand „abblättern“, dann können die Kinder Futterhäuschen für die Vögel aufhängen.

Ein großes Erdbodenbild

Jetzt wissen die Kinder, was sich in der Erde und unter dem Erdboden alles abspielt. In einem großen Erdebild können sie das, was ihnen am wichtigsten ist, aufmalen oder aufkleben. Am besten gestalten alle Kinder ein Gruppenbild. Daraus kann ein großes Wandbild werden, das vom Fußboden bis an die Zimmerdecke reicht. Denn so tief graben ja auch die Regenwürmer ihre Gänge (siehe Seite 30).
Zuerst wird der Erdboden gemalt (siehe Seite 15) mit verschiedenen Erdschichten (siehe Seite 25). Die Steine, die in den unteren Erdschichten zu finden sind, können aus Tonpapier in den entsprechenden Farben ausgeschnitten oder gerissen und aufgeklebt werden. Und wie sieht es auf dem Erdboden aus? Wird dort Gras wachsen, oder gibt es einen Gemüsegarten oder einen Acker?

Die Regenwürmer werden aus Seidenpapier oder Papierservietten gewickelt oder aus Buntpapier ausgeschnitten. Dann überlegen die Kinder, wo ihre Regenwürmer leben werden. Sie malen Gänge in die Erde und kleben die Regenwürmer dazu.

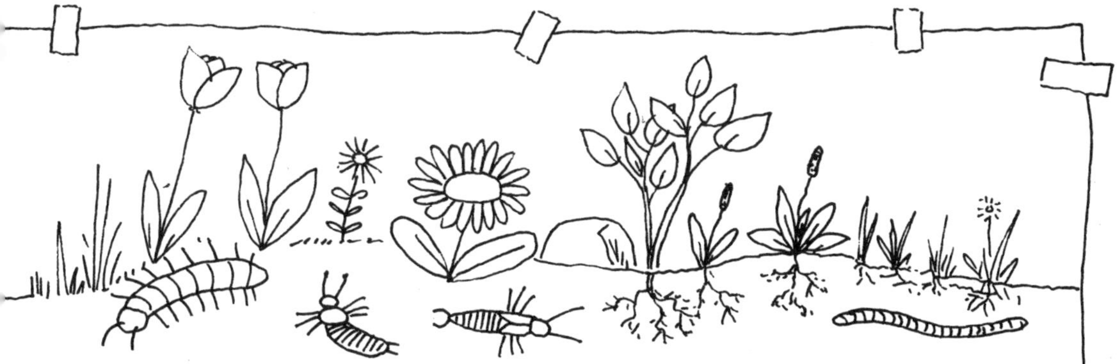

In gleicher Weise dürfen andere Erdbewohner in das Erdenbild einziehen. Das können Tausendfüßler, Springschwänze oder andere Krabbeltiere sein. Es kommt nicht darauf an, daß die Tiere in Lebensgröße oder im richtigen Größenverhältnis zueinander gemalt oder gebastelt werden. Es kommt einzig darauf an, daß die Kinder ihre Krabbeltiere selbst gestalten und dem Bild zuordnen.
Auch Phantasietiere sind gefragt, und Aussehen und Namen erfinden die Kinder selbst. Sind wir denn so sicher, daß die Forscher wirklich alle Bodentiere schon entdeckt haben?
Vielleicht werden die Kinder eines Tages einen Kugelfüßler, einen Rollschwanz und einen Tatzelwurm im Erdbodenbild entdecken. Wo kommen die denn her? (Sie verraten natürlich nicht, daß Sie es waren, die die neuen Erdbewohner gebastelt und dazugeklebt haben.)

Die Wurzeln der Pflanzen werden aufgemalt oder aus Papier gerissen oder aus Bast und Schnur gebastelt und aufgeklebt.

Bastelmaterial:
Als Bastelmaterial eignen sich alle Papiersorten, Bast, Stroh, Kork, Blätter, Filz, Jute, Schnüre, Perlen, Pfeifenputzer und vieles mehr.

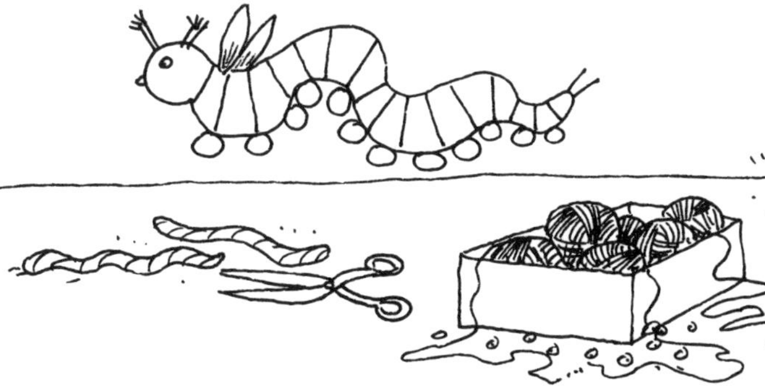

Die Mutter Erde sorgt für alle

Die Pflanzen brauchen die Erde!

Sie halten sich mit ihren Wurzeln in der Erde fest und nehmen Wasser und Nährstoffe von der Erde auf. Dann erst können die Blätter wachsen, die Blüten blühen und die Früchte und Samen sich bilden, die dann wieder auf die Erde fallen und neue Pflanzen hervorbringen.

Die Tiere brauchen die Erde und die Pflanzen!

Tiere leben auf oder in der Erde. Sie bauen dort ihre Höhlen, Gänge und Nester, um dort zu schlafen und ihre Jungen aufzuziehen. Die Tiere brauchen auch die Pflanzen. Sie wohnen in oder auf den Bäumen, Büschen oder Blättern. Die Pflanzen geben ihnen Schutz. So können sie sich dort einen besonderen Unterschlupf bauen und ihre Jungen aufziehen. Die Tiere fressen die Pflanzen als Nahrung oder sie fressen kleinere Tiere, die wiederum Pflanzen als Nahrung brauchen.

Die Menschen brauchen die Erde, die Pflanzen und die Tiere!

Auf der Erde bauen die Menschen ihre Häuser. Sie nehmen dazu Dinge, die ihnen die Erde gibt, also Steine, Lehm oder Baumholz.
Die Menschen brauchen die Pflanzen. Sie pflanzen Gemüse, säen Getreide, setzen Obstbäume und ernten. Sie brauchen das Holz der Pflanzen für ihr Feuer, zum Kochen, Backen und als Schutz gegen die Kälte im Winter.

Die Menschen brauchen die Tiere. Sie halten sie als Haustiere, um Milch und Fleisch, Wurst und Käse zu haben, oder sie fangen die Tiere in der Natur.
Wir Menschen brauchen also die Tiere, die Pflanzen und die Erde! Deshalb sollten wir die Natur schützen und pflegen und erhalten, damit wir leben können!

2. Kapitel

Wiese und Wald

Die Wiese

Auf der Wiese

Die Wiese gehört zu den schönsten Spielplätzen für die Kinder! Jubelnd und schreiend rennen sie über das grüne Gras, hüpfen, springen, purzeln, kugeln, rollen ... und bleiben schließlich atemlos mitten auf der Wiese liegen. Doch dann entdecken die Kinder die Wiese ganz nah: Sie sehen die einzelnen Gräser, fahren mit ihren Fingern an den grünen Stengeln, Halmen und Blättern entlang, betrachten die kleinen Blumen, schnuppern an den Blüten, schauen die Blütenblätter an und beobachten, wie kleine Käfer darüber krabbeln. Sie beobachten die Schmetterlinge, die Hummeln und Bienen, die emsig von Blüte zu Blüte fliegen und in den Blütenkelch eintauchen. Und jetzt hören sie die Wiesenmusik, das Summen, Brummen und Zirpen der vielen kleinen Wiesengäste.

Wiesenspiele

Fangen, Hindernislauf, Bockspringen, Ballspielen, Ringwerfen, „Faul Ei", Purzelbaum schlagen, „Der Wolf kommt", Sackhüpfen . . . Diese alten Kinderspiele machen auch den heutigen Kindern noch Spaß. Mit wenig Aufwand können Sie für ihre Kinderschar ein spannendes Spielprogramm zusammenstellen.

Hier ein paar Ideen für neue Spiele:

- *Lieblingsblume:* Die Kinder suchen ihre Lieblingsblume und legen mit einem Wollfaden um die Blume einen Kreis. Danach werden alle Lieblingsblumen bestaunt.
- *Größter Grashalm:* Alle Kinder suchen nach langen Gräsern, vergleichen und messen.
- *Farbenspiel:* Wer entdeckt eine lila Blüte? Nicht pflücken! Die Kinder müssen sich den Platz auf der Wiese gut merken, denn anschließend werden alle diese lila Blumen angeschaut.

Es gibt viele Kinderspiele und Blumenbasteleien, bei denen Blumen ausgerupft oder Blütenblätter abgezupft werden. Doch wenn Naturschutz und umweltbewußtes Verhalten das Lernziel ist, sollten Sie diese Spiele vermeiden.

Ein Natur-Schau-Spiel

Wenn in der Nähe des Kindergartens eine Wiese ist, zu der Sie ohne großen Aufwand mit den Kindern hinwandern können, dann zeigen Sie den Kindern dieses spannende Naturschauspiel.
Ein- bis zweimal in der Woche gehen die Kinder zu „ihrer“ Wiese, schauen nach den Blumen, benennen die Farben, die Formen, lernen die Blumennamen, messen aus, wie hoch die Wiese gewachsen ist, und beobachten die großen und kleinen Tiere, die in der Wiese leben.
Wenn die Wiese gemäht wird, werden die Kinder zuerst enttäuscht sein und um ihre Blumen trauern. Doch ein paar Tage später schon können sie beobachten, daß neue Blumen und Gräser nachwachsen und die Wiese bald wieder in vollem Grün und Blumenschmuck steht.

Wiesen-Tagebuch

Die „Wiesen-Forscher“ vergleichen, schauen, messen, malen, fotografieren und diktieren Ihnen ihre Berichte. Sie schreiben alles auf einzelne Blätter, die Sie in einen Ordner heften. Die Kinder kleben die entwickelten Fotos dazu. So entsteht nach und nach ein großes, buntes, erlebnisreiches Wiesenbuch.
Es wird lange das Lieblingsbilderbuch der Kinder sein, denn es erzählt von ihren eigenen Wiesen-Erlebnissen.

Wer wohnt in der Wiese?

Wenn es die Kinder interessiert, können Sie mehr vom Leben auf der Wiese erzählen. Zum Beispiel dies:
Die Wiese bietet Unterschlupf und Nahrung für viele Tiere. Im Wiesenboden leben unendlich viele Würmer und die Larven vieler Insekten. Auf dem Wiesenboden krabbeln Käfer, Grillen, Schnecken, Spinnen. In weitem Bogen springen Grashüpfer. An den Stengeln und Halmen klettern Raupen, Käfer, Fliegen. Zu den Blüten fliegen Bienen, Hummeln, Libellen. Und über den Blumen tanzen Schmetterlinge und fliegen Vögel.

Der Maulwurf

Der Maulwurf wohnt in der Wiese, genauer gesagt unter der Wiese. Er zeigt uns deutlich sein Wohngebiet mit den vielen kleinen Erdhügeln, die er nach oben schiebt. Unter der Erde sieht seine Wohnung richtig abenteuerlich aus. Dort hat er ein großes Labyrinth mit vielen Tunnels gegraben und kann so schnell durch seine Gänge rennen, daß wir uns beeilen müßten, um mit ihm Schritt zu halten.
Der Maulwurf ist Tag und Nacht bei der Arbeit und gräbt mit seinen großen Schaufelpfoten neue Gänge. Dabei sucht er nach Nahrung, legt Vorratskammern an, gräbt Abflußtunnel fürs Regenwasser und Trinkwege zum Grundwasser, baut Schlafhöhlen und polstert sein „Kinderzimmer" mit Heu und Moos aus, damit seine Jungen ein weiches, warmes Nest haben.
Es ist kaum zu glauben, aber die kleinen Maulwurfkinder haben zuerst ein ganz weißes Fell, das dann grau und nach etwa 2 Monaten schwarz wird.
Der Maulwurf ist ein sehr nützliches Tier. Er frißt Regenwürmer, Larven und kleine Mäuse. Aber er nagt niemals an Wurzeln oder Pflanzen, was manche Gartenbesitzer irrtümlich glauben. Das machen die Wühlmäuse.

Wiesen-Steckbild

Das wird den Kindern Spaß machen, wenn sie ihre Wiesenerlebnisse mit einem großen Steckbild nachspielen können.
Zuerst malen die Kinder auf einen großen Bogen Foto- oder Dekokarton eine Wiese mit vielen Gräsern. Dann wird dieses Wiesenbild an der Wand befestigt.
Als nächstes malen oder basteln die Kinder viele bunte Blüten, schneiden oder reißen sie aus und kleben sie einzeln auf einen Blumenstengel, das ist ein grüner, etwa 15 cm langen Kartonstreifen. Auch kleine Käfer, Schmetterlinge, Schnecken, Regenwürmer und ein Maulwurf, Vögel, Bienen und Hummeln werden gemalt, ausgeschnitten und auf lange Stege zum Einstecken geklebt.

Spielregel:
So wie sich draußen in der Natur die Wiese immer wieder verändert, neue Blumen blühen, immer mehr Schmetterlinge flattern und Bienen fliegen . . .
so verändert sich auch das Wiesen-Steckbild.
Zuerst suchen die Kinder für ihre Steckfiguren einen Platz auf der Wiese aus. Dann schlitzen Sie (Vorsicht, das dürfen nur Sie machen!) mit einem Grafikermesser eine kleine Einstecklasche in das Bild und die Kinder schieben ihre Steckfiguren in den Schlitz!
Täglich wird das Wiesenbild mit neuen Motiven bereichert. Doch, wenn draußen die Wiese gemäht wird, dann verschwinden auch die Blumen und Käfer auf dem Wiesen-Steckbild, das heißt, sie werden einfach herausgenommen. Sobald die Kinder beobachten, daß draußen die Wiese wieder nachwächst, wachsen auch auf dem Steckbild wieder die Blumen, und die Tiere kommen zurück.

Wildblumen im Kindergarten

Rasen oder Wiese?

Der kleine Jan bedauert den Nachbarn, der täglich mit einem Wurzelstecher über seinen kurz geschorenen Rasen geht und nach Löwenzahnpflanzen Ausschau hält. Jan sagt: „Der arme Gärtner, er hat keine einzige Blume in seinem Garten, und jetzt sucht er nach Löwenzahn!“
Viele Spielplätze, Grünanlagen in Parks oder Rasenflächen rund um Häuserblocks sehen leer und unlebendig aus. Die Wiese ist zu einem Rasen getrimmt worden, etikettiert mit „Betreten verboten!“ Diese Grünanlage sieht zwar grün aus, aber ohne einen bunten Blumenfarbtupfen wirkt dieses Rasengrün eintönig und langweilig. Es ist eben eine moderne Wiese ohne Blütenpracht, ohne Bienen und Schmetterlinge. Der ganze Stolz eines fleißigen Hausmeisters. Doch, kann er wirklich so stolz darauf sein? Der kleine Jan ist da anderer Meinung!

Eine Wildblumenwiese im Kindergarten

Überlegen Sie doch zusammen mit den Kindern, ob auf der Spielwiese im Kindergarten wirklich jede Ecke gebraucht und genutzt wird. Oder ob es eine Fläche gibt, auf der die Kinder selten oder gar nicht spielen. Daraus könnte eine echte Wildblumenwiese werden! Das wäre schön! Schon zwei, drei oder vier Quadratmeter genügen - und die Kinder könnten wieder das sehen, was ihnen durch moderne Parkanlagen oder Gartengestaltung vorenthalten wird: eine wilde, bunte Wiese!
Die Wiese wird nur zweimal im Jahr geschnitten. Man darf den Boden auch nicht düngen oder mit Torf oder Komposterde anreichern. Wenn diese Regel eingehalten wird, dann wächst nach zwei oder drei Jahren im Kindergarten die schönste Wildblumenwiese.

Zurück zur Natur

Es gibt zwei Möglichkeiten, wie man einen Rasen in eine Wiese verwandelt.

Wiesenblumen aussäen:
Die Grasnarbe bis auf den braunen Erdboden abtragen. Dann, wenn es Frühling ist, die Samen der Wiesenblumen aussäen. Die Samen kann man in einer Gärtnerei kaufen oder im Sommer und Herbst selbst sammeln, in einer Papiertüte den Winter über kühl und trocken aufbewahren und im nächsten Frühjahr aussäen.

Wildblumen einpflanzen:
Es werden viele kleine Fleckchen aus dem Rasen ausgestochen und Wildblumen einzeln mitsamt den Wurzeln in die Erde eingepflanzt.
Und woher die Blumen nehmen? Machen Sie mit den Kindern einen Ausflug auf die Wiese (vorher mit dem Besitzer reden)! Jedes Kind nimmt ein kleines Eimerchen und eine Schaufel mit. Auf der Wiese sucht jeder eine Wiesenblume oder ein schönes, langes Wiesengras, gräbt die Pflanze vorsichtig aus und trägt sie im Eimerchen in den Kindergarten. Klar, daß die Kinder dort ihre Pflanzen auch selbst einpflanzen können!

Das wächst auf der Wiese

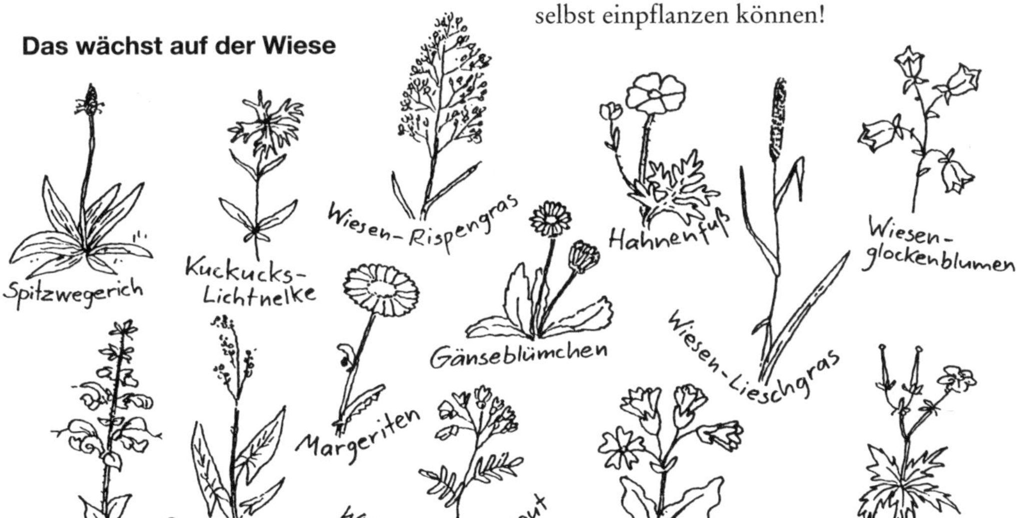

TIP: Wie man das Gelände rund um das Kindergartengelände mit Pflanzen begrünt, das ist in dem Buch „Luft“, Seite 60 beschrieben.

Die Wiesenblumen und Wiesengräser werden jetzt im Kindergarten weiterwachsen, und täglich können die Kinder ihr Stückchen Wiese beobachten und versorgen.

Der Apfelbaum 

Den Apfelbaum mögen die Kinder besonders gern. Auf vielen Kinderzeichnungen bekommt er einen auffallenden Platz gleich neben dem Haus und trägt viele rote Äpfel. Liegt es vielleicht an diesen rotbackigen, runden Früchten, daß die Kinder einen Apfelbaum so gerne haben?
Auch in Märchen oder Geschichten der Kinder spielen Äpfel oft eine wichtige Rolle, zum Beispiel bei Frau Holle oder bei Schneewittchen. Und Kaiser und Könige tragen als Symbol ihrer Herrschaft einen Reichsapfel in der Hand.

Information für Schlaumeier:
Der Apfelbaum zählte früher bei den Kelten zu den sieben heiligen Bäumen. Er war der Baum der Liebe. Doch daran erinnert nur noch der Apfel, der als Weihnachtsschmuck am Christbaum hängt.

Ich mag den Baum!

Die Gefühle der Kinder zu einem Baum schwanken zwischen Respekt, weil der Baum so groß und stark ist, und Mitleid, weil der Baum jedem Einfluß von außen hilflos ausgeliefert ist.
Kinder, die einen Baum einmal kennen und lieben gelernt haben, werden als Erwachsene später mit Bäumen verantwortungsvoll umgehen.

Den Apfelbaum kennenlernen

Mit einem selbstgebastelten Fernrohr, das ist eine bunt beklebte Papprolle, betrachten die Kinder ihren Baum zuerst von Ferne. Der Blick durch das Papprollen-Guckloch bringt die Kinder dazu, sich nur auf diesen einen Baum zu konzentrieren.

Sie betrachten die Form des Baumes und versuchen, diese pantomimisch mit Armen und Händen darzustellen.
Sie schauen auf den Stamm und versuchen, mit den Armen den geschätzten Umfang zu zeigen.

Jetzt rennen die Kinder zu ihrem Baum. Sie streicheln und fühlen seine Rinde, tippen an die Äste, tasten die Blätter ab, stupsen ganz vorsichtig an die Knospen, Blüten oder Früchte. Sie schnuppern den Apfelbaumgeruch und fassen mit den Händen auf den Boden, unter dem die Wurzeln des Baumes wachsen.
Was liegt noch unter dem Apfelbaum? Die Kinder schauen nach kleinen oder größeren Tieren, die in, auf oder an dem Baum wohnen.
Wenn es das Wetter zuläßt, dann legen sich die Kinder unter den Baum, schauen in seine Blätterkrone und lauschen dem Rascheln der Blätter.
Geben Sie den Kindern die Gelegenheit, immer wieder ihren Baum zu besuchen. Dann könnnen die Kinder die jahreszeitlichen Veränderungen entdecken: Wie aus Knospen die Blüten und schließlich die Früchte werden, wie sich aus den zarten hellgrünen Blättchen kräftige, grüne Blätter entwickeln, die sich im Herbst bunt verfärben, dann abfallen, und wie sich neue Knospen fürs nächste Jahr bilden.

Basteln und Lernen

Basteln:

- Die Kinder sammeln die Blätter, pressen sie und kleben sie auf.
- Sie legen Papier auf die Rinde und rubbeln mit Malkreide darüber, so entsteht ein Rindenabdruck.

- Sie sammeln abgefallene Zweige, abgebröckelte Rinde und Flechten ein und gestalten damit Legebilder.
- Sie formen mit Knete einen Zweig nach oder machen einen Kneteabdruck von einem Aststück.
- Sie pflücken die reifen Früchte vom Baum, schauen den Apfel genauer an, die Schale, das Fruchtfleisch und das fünfzackige Kernhaus.
- Sie legen mit den Apfelkernen Figuren oder fädeln sie als Anhänger für eine kleine Halskette auf.

Lernen:

Die Kinder lernen, wie ihr Baum wächst und lebt, daß er mit den Wurzeln im Boden Wasser trinkt und Nährstoffe aufnimmt mit den Blättern Luft „atmet", daß er zum Wachsen Sonnenwärme braucht, daß die Borke eine Schutzschicht für den Baum ist, die man nicht verletzen darf, und daß der Baum seine Nährstoffe in der inneren Rinde, der dünnen Bastschicht unter der Borke, weiterleitet.

TIP: Diese Aktivitäten können die Kinder mit jedem anderen Baum in der Nähe des Kindergartens durchführen.

Ich hab' einen Freund, das ist der Baum

Text: Nortrud Boge-Erli
Melodie: Dorothée Kreusch-Jacob

Aus: Dorothée Kreusch-Jacob,
Ich schenk dir einen Regenbogen,
Patmos Verlag, Düsseldorf 1993

Ich hab' einen Freund
so wundergroß,
bei dem ich gerne wohne.
Er wirft mir Äpfel in den Schoß
aus seiner grünen Krone.
Refrain:
Ich habe einen Freund,
ich hab' einen Traum.
Mein Freund, der ist ein Apfelbaum.

Ich hab' einen Freund,
der rauscht und schwingt;
er reicht mir seine Zweige.
Mit Blätterhänden - ob's gelingt,
daß ich nach oben steige?
Refrain: ...
Mein Freund, der ist ein Kastanienbaum.

Ich hab' einen Freund,
so goldengrün,
ich streichle seine Rinde.
Er wird im Sommer duften und blühn,
mein Baum ist eine Linde.
Refrain: ...
Mein Freund, das ist ein Lindenbaum.

Ich hab' einen Freund,
der im Mantel steht
aus grünen Nadelstreifen.
Wenn Eiswind pfeift und Schnee verweht,
kann er dem Wind was pfeifen!
Refrain: ...
Mein Freund, das ist ein Tannenbaum.

Ich habe einen Freund,
der Wurzeln streckt
tief unter Gras und Moos,
und sich bis in den Himmel reckt,
mein Baum ist wundergroß.
Refrain: ...
Mein Freund, mein Freund,
das ist der Baum!

Die Pflanzen-Riesen

Wenn Sie den Kindern davon erzählen, werden sie staunen:
Die Bäume sind die größten Pflanzen der Welt. Kein Tier und erst recht kein Mensch kann so groß werden wie ein Baum. In Deutschland gibt es Tannen, die über 50 m hoch sind. Messen Sie mit den Kindern diese Entfernung als Wegstrecke ab. Wenn die Kinder Spaß daran haben, können sie auf allen vieren wie kleine Mäuschen diese Wegstrecke entlang krabbeln. Wie lang das ist!
Bäume sind auch die dicksten Pflanzen der Welt, so dick kann kein Tier und erst recht kein Mensch sein. In Deutschland gibt es Linden, die einen Umfang von 17 m haben. Messen Sie eine Schnur in dieser Länge ab, legen Sie mit dieser Schnur einen Kreis auf den Boden: So dick ist der Stamm! Da passen alle Kinder auf einmal hinein.
Die Bäume sind auch die ältesten Pflanzen der Welt. Kein Tier und erst recht kein Mensch kann so alt werden wie ein Baum. In unserem Land gibt es Linden und Eichen, die sind tausend Jahre alt und noch älter. So eine lange Zeit können sich die Kinder gar nicht vorstellen.
Vielleicht zeigen Sie Bilder von Menschen oder Wohnstätten aus der damaligen Zeit, also vor tausend Jahren. Was diese Bäume alles erlebt haben!

Baumgeschichten

Wo stehen in Ihrem Ort die größten, die dicksten und die ältesten Bäume? Darüber können die Stadtgärtner oder Förster Auskunft geben. Ein Ausflug dorthin lohnt sich.
Um den Kindern dieses Erlebnis noch spannender zu gestalten, könnten Sie von früheren Zeiten erzählen. Besser noch: Lassen Sie den Baum erzählen:

Der alte Baum erzählt

Er berichtet von der Zeit, als er noch ein kleines Bäumchen war, mit ein paar dünnen Zweigen. Wie er immer größer wurde und Spaß daran hatte, gegen den Wind zu kämpfen. Wie er noch größer und stattlicher wurde und starke Äste bekam, so daß die Kinder auf ihm klettern konnten. Und wie er jetzt so groß ist und darüber lachen muß, daß die Gärtner nur noch mit einer Leiter zu ihm hochkommen können.

Er erzählt, wie stolz er auf seine Baumkrone ist, wie er sorgfältig alle Blätter so verteilt, daß jedes gleichviel Licht und Sonnenwärme bekommt. Wie er seine Wurzeln tief in den Erdboden bohrt, damit sie ihn dort festhalten, und wie dort unter der Erde seine feinen Wurzelhaare viel Wasser aufsaugen.
Der Baum erzählt von den Jahreszeiten. Wie er sich im Frühling schmückt, um Bienen und Schmetterlinge anzulocken, wie er die Sommersonnenwärme genießt und sich darüber freut, wenn sich Menschen in seinen Schatten setzen. Wie er im Herbst stolz seine Früchte trägt und sich darum sorgt, daß auch seine Samen auf die Erde fallen, keimen und aus den Sprößlingen kleine Bäumchen werden. Wie er zu dieser Zeit den Blättern den grünen Farbstoff entzieht, damit sie bunt werden, bis er sie schließlich losläßt, damit sie mit dem Herbstwind durch die Luft wirbeln können. Und wie er schließlich im Winter seine Ruhezeit verbringt und sich freut, wenn ein Siebenschläfer bei ihm Unterschlupf findet.
Er erzählt von den Tieren, die ihn besuchen und bei ihm wohnen, von den Wühlmäusen, die an den Wurzeln knabbern, von den Katzen, die an seinem Stamm kratzen, von den Käfern, die ihn unter der Rinde kitzeln, von den Vögeln, die in seinen Zweigen singen, und von den Eichhörnchen, die in seiner Baumkrone turnen.
Ja, der alte Baum kann viel erzählen - und die Kinder werden ihm, genauer gesagt Ihnen, gespannt zuhören.

Baum-Lernspiele

Nach all den Geschichten und Spielen mit einem Baum wird es den Kindern leicht fallen, die verschiedenen Bäume voneinander zu unterscheiden. Ist das Interesse dafür geweckt, machen Sie mit den Kindern einen „Baumspaziergang“ rund um das Kindergartengelände. Dabei gibt es für die Kinder allerhand zu tun:

- Blätter sammeln, Formen beachten,
- Früchte sammeln und miteinander vergleichen,
- Samen einsammeln,
- Rinden-Rubbelbilder machen (siehe Seite 53),
- den Boden unter den Bäumen vergleichen,
- die Umgebung der Bäume beachten,

Im Kindergarten geht es weiter mit Spielen und Basteln:

- Blätter pressen,
- Blätterbilder kleben,
- Blätterstempelbilder gestalten,
- aus den Früchten Keimlinge ziehen,
- mit den Früchten lustige Phantasietiere basteln,
- eine Tastwand aus dem Naturmaterial aufbauen.

Der Wald

Im Wald herrscht ein buntes, vielfältiges Leben, das die Kinder, wenn sie durch einen Wald wandern, auf den ersten Blick gar nicht erkennen. Wenn Sie einen Ausflug in den Wald planen und die Kinder auf das Waldleben neugierig geworden sind, dann können sie mehr über den Lebensraum Wald erzählen.

Lebensraum Wald

Der Wald ist wie ein großes Hochhaus mit mehreren Stockwerken. Am wichtigsten ist der Waldboden, der Keller des Wald-Hochhauses. Dort sind die Wurzeln der Bäume, zwischen denen die vielen kleinen Bodentiere krabbeln und fleißig die Walderde bearbeiten (siehe Seite 27). Dort wohnen aber auch größere Tiere, wie der Fuchs und der Dachs. Sie haben sich unter der Erde ihre Wohnhöhlen eingerichtet.
Am Boden, im Erdgeschoß, siedeln sich Moose und Pilze an. Dort ist auch das Wohngelände für Käfer und Insekten.
Das nächste Stockwerk wird Krautschicht genannt. In dieser Wohnetage gedeihen Farne, Gräser und Waldblumen, auch die Baumkinder, also die kleinen Sämlinge der großen Bäume. Und es ist der Spielplatz für die kleinen Waldmäuse.

Bis ins nächste Stockwerk reichen die Büsche und Sträucher und bilden eine Gehölzschicht. Hier haben sich viele Vögel mit ihren Nestern häuslich eingerichtet.
Und das Dachgeschoß sind die Baumkronen der großen Bäume. Dort spielen Eichhörnchen und verkriechen sich Fledermäuse. Auch einige Vögel ziehen es vor, so himmelhoch ihre Nester zu bauen, um vor Feinden geschützt zu sein.

Gesunder Wald

Für einen gesunden Wald ist es wichtig, daß viele verschiedene Bäume zusammenstehen und unterschiedliche Pflanzen und Tiere anlocken. Menschen haben nicht darauf geachtet und oft nur eine Baumart als Wald angepflanzt, damit sie später den Wald bequemer fällen können und die Bäume nicht mehr sortieren müssen. Diese Wälder sind jetzt krank, weil sich unter einer Baumart nur bestimmte Tiere und Pflanzen ansiedeln, der Artenreichtum ausbleibt und nicht für einen nährstoffreichen, gesunden Waldboden sorgt.

Information für Schlaumeier:
Klar, das ist nicht der einzige Grund für das Waldsterben. Doch in diesem Zusammenhang ist für die Kinder diese Information sinnvoll.

Waldbodenspiele

Tastweg
Mit verbundenen Augen tastet sich ein Spieler eine kurze Strecke auf dem Waldboden entlang, seine Hand wird von einem Mitspieler geführt. Dann bekommt der Spieler die Binde abgenommen und muß die gleiche Wegstrecke tastend wiederfinden.

Schnupperspiel
Dem Spieler werden die Augen verbunden, sein Mitspieler nimmt einen Gegenstand vom Boden und hält es ihm unter die Nase. Was ist es?

Schau genau!
Mit einem Wollfaden wird ein kleines Stück Waldboden eingekreist, die Spieler schauen sich das Fleckchen Boden genau an. Dann drehen sie sich um und der Spielleiter verändert zwei Dinge, zum Beispiel Tannennadeln und einen Stein. Wer findet es heraus?

Waldbodenbild
Mit Tannenzapfen oder Zweigen legen die Kinder zuerst einen „Bilderrahmen" auf den Waldboden. Dann werden die Dinge, die innerhalb des Bilderrahmens liegen, zu einem Mosaikbild neu angeordnet. Zum Beispiel werden aus Tannenzapfen, Eicheln, Bucheckern und Blättern ein Gesicht oder ein Waldhaus.

Moose, Pilze und Flechten

Das sind kleine und recht unscheinbare Pflanzen, die kaum beachtet werden. Und doch, gäbe es sie nicht, könnten die Wälder nicht bestehen und würden sogar zugrunde gehen. Wie das? Nun, das kann man auch den Kindern genauer erklären.

Die Pilze

Pilze sind den meisten Menschen etwas unheimlich. Sie haben Angst, durch einen Pilz vergiftet zu werden. Vorsicht ist geboten, doch Angst ist übertrieben. Deshalb ist es sinnvoll, den Kindern mehr von diesen Pflanzen zu erzählen.

Viele Pilze sehen wunderschön aus. Ihre Form mit Hut und Stamm ist unverkennbar. Doch das, was wir als Pilz bezeichnen, ist nicht die eigentliche Pflanze, sondern nur der Fruchtkörper. Die Pflanze selbst liegt unter der Erde oder verbirgt sich unter der Rinde oder unter dem Laub. Es ist ein feines, langes, weißes Fadengeflecht, das Myzel.

Pilze leben von abgefallenen oder abgestorbenen Pflanzenresten. Sie zersetzen diese Teile und geben dabei wichtige Nährstoffe an den Erdboden ab. Diese Nährstoffe brauchen die Pflanzen zum Leben.

Pilze und Bäume kommen wie gute Freunde miteinander aus. Jeder gibt dem andern etwas Lebenswichtiges ab. Zum Beispiel wohnt der Pilz Goldröhrling bei den Wurzeln der Lärche. Er versorgt die Lärche mit Nährstoffen und düngt den Boden rund um die Baumwurzeln. Auch transportiert er mit seinen Fäden, den Hyphen, so viel Wasser zu den Baumwurzeln, daß die Lärche keine Wurzelhärchen mehr braucht (siehe Seite 34). Und die Lärche läßt auf den Goldröhrling ihre Nadeln fallen, so daß er Nahrung in Hülle und Fülle bekommt.

Naturschutz für Pilze!

Pilzesammeln wird immer beliebter. Doch viele Pilzsammler sind keine Pilzkenner. Sie nehmen alles mit, was nach Pilz aussieht, um es nachher von Pilzberatungsstellen wieder aussortieren zu lassen. Oft reißen sie auch die Pilze samt ihrem Fadengeflecht aus der Erde und zerstören so das ganze Gewächs, anstatt die Pilze nur abzudrehen oder abzuschneiden. Das ist bedauerlich, denn die Bäume im Wald können auf die Pilze nicht verzichten.

Flechten

Flechten werden von vielen kaum beachtet. Dabei geben sie uns eine wichtige Nachricht weiter: Sie zeigen uns, wie sauber und gesund die Luft ist oder wie verschmutzt. Je nach dem Grad der Luftverschmutzung siedeln sich andere Flechtenarten an den Baumstämmen an. Bei sauberer Luft breiten sich die Strauch- und Bartflechten aus, bei verschmutzter Luft die Gelbflechte und Krustenflechte.

Flechten können gekraust oder ganz flach aussehen. Sie haben unterschiedliche Farben wie Gelb, Orange, Blaugrün, Silbergrau, Braun oder Schwarz. Wenn die Luft sehr trocken ist, fühlen sich die Flechten rauh und hart an. Nach einem Regentag aber haben sie sich mit Wasser vollgesogen und sind weich und geschmeidig.

Moos

Wer hat das nicht schon selbst erlebt: Da will man sich beim Waldspaziergang eine kleine Pause gönnen und setzt sich gemütlich auf ein weiches Moospolster – und bald schreckt man wieder hoch –, weil der Hosenboden ganz naß geworden ist.

War das ein Streich? Natürlich nicht.

Das Moos kann sehr viel Wasser aufsaugen wie ein Schwamm. Wenn dann die trockenen Sommertage kommen, gibt das Moos langsam von seinem Wasservorrat an den Boden ab. So kann ein Moospolster an der Oberfläche trocken sein, im Innern aber hat es noch eine Menge Wasser gespeichert.

Die Moose halten auch den Erdboden fest und verhindern, daß bei einem starken Regenguß der Waldboden weggeschwemmt wird. So sind die Moose für den Wald als Wasserspeicher und Bodenschutz sehr wichtig.

Ein schönes Spielgelände

Die grünen Moosteppiche laden die Kinder zum Spielen ein. Wie wäre es, wenn beim nächsten Waldspaziergang die kleinen Spielfiguren aus der Spielzeugkiste mitgenommen würden? Schnell wird aus der hügeligen Mooslandschaft ein tolles Spielgelände mit Bauernhof, Zoogelände oder Cowboy-Ranch.

Im Reich der kleinen Waldkönigin

Tierschutz im Wald

Die kleine Waldkönigin ist niemand anders als die Königin der roten Waldameisen. Sie hat den Namen „Königin“ verdient, denn sie regiert ein großes Volk und schützt mit ihren „Untertanen“ den Wald. Ein Wald ohne die fleißigen Waldameisen würde bald zugrunde gehen. Denn die Ameisen fressen die Insekten und Larven, die an den Rinden, Blättern und Wurzeln der Bäume knabbern und großen Schaden anrichten können.
Die Ameisenhaufen sind meistens mit einem großen Drahtnetz eingefaßt. Das hat der Förster angebracht, um die Spechte oder die Spaziergänger daran zu hindern, den Ameisenhaufen zu zerstören.
Wenn die Kinder mehr über die fleißigen Waldameisen erfahren, werden sie keine Freude mehr daran haben, mit einem Stock im Ameisenhaufen herumzustochern, um die aufgeregte Ameisenschar zu sehen. Denn dann wissen die Kinder und werden es auch ihren Eltern erklären, warum die Ameisen geschützt werden müssen!

Im Schloß der Königin

Das „Schloß“ der Waldameisen ragt bis zu 1,5 m hoch über die Erde. Doch das ist nur das Kuppelgewölbe des Nestes. In diesem Hügel sind viele Gänge und Kammern gebaut. Hier ist die Kinderstube der Ameisen. Die andern Gänge und Zimmer des Schlosses sind unter der Erde und reichen bis zu 1,5 m tief. Auch dort herrscht ein reges Treiben.
Die Ameisen bauen ihr Nest aus Tannen- und Fichtennadeln, kleinen Zweigen, Moos und Erde. Der Bau wird meistens so angelegt, daß die Sonne gut darauf scheinen kann. Die Gänge verlaufen schräg, daß Regenwasser schnell wieder abfließen kann.

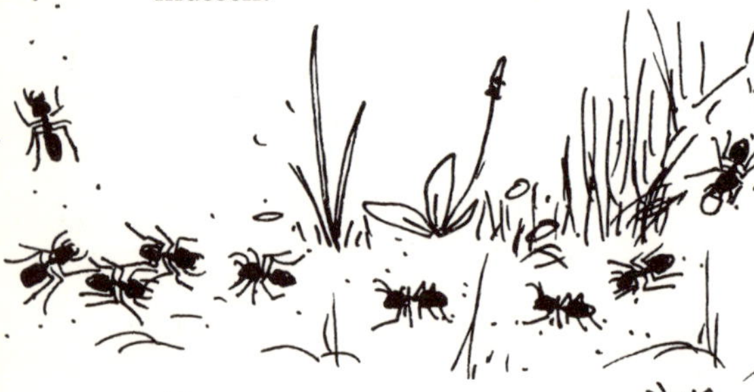

Der Hofstaat

Es gibt bei den Ameisen verschiedene Berufe. Die „Jäger" ziehen aus, um Insekten, Larven oder Spinnen zu töten und als Nahrung ins „Schloß" zu bringen. Dort wird die Beute dem „Küchenpersonal" übergeben, das alles in kleine Stücke zerteilt und an die anderen Bewohner im Ameisennest übergibt. Dabei marschieren sie durch die Gänge. Wenn ihnen eine hungrige Ameise begegnet, trommelt diese mit den Fühlern auf den Kopf des „Küchenpersonals" und bekommt seine Nahrung ausgeliefert.
Andere Ameisen sind die „Zuckermilch-Sammlerinnen". Sie ziehen aus und suchen nach Blattläusen. Oft haben sie eine Weide für die Blattläuse angelegt und hüten ihre Blattlausherde. Wenn sie die Blattläuse melken wollen, streicheln sie mit den Fühlern den Hinterleib der Blattlaus, die dann einen Tropfen Honigtau abgibt. Dieser Honigtau schmeckt wie süße Zuckermilch und die Ameisen sind ganz wild darauf. Natürlich trinken sie diese Köstlichkeit nicht an Ort und Stelle, sondern tragen die Honigtautropfen in ihren Ameisenbau zurück und geben den andern davon ab.

Eine Duftstraße

Wenn eine Ameise etwas Leckeres zum Fressen gefunden hat, dann rennt sie schnell zu ihrem Bau und informiert die anderen über ihren Fund. Auf dem Rückweg markiert sie mit einem Duftstoff ihre Strecke, das riechen die andern Ameisen und können dieser Duftstraße folgen.

Die Königin und die Ameisenkinder

Die „Ameisenkönigin" wird von „Dienerinnen" versorgt, die ihre Königin füttern und pflegen. „Die Dienerinnen" kümmern sich auch um die Eier, die nur die Königin legt.
Wenn aus den Eiern die Maden ausschlüpfen, werden sie von den „Ameisen-Kindergärtnerinnen" weiter versorgt. Die Maden werden gefüttert und immer wieder an einen anderen warmen Ort getragen. Bei Sonnenschein werden sie sogar für ein paar Stunden nach draußen, auf den großen Kuppelbau gelegt.
Sobald sich die Maden verpuppen, werden sie in eine besondere Kammer getragen. Will eine Made schlüpfen, dann zappelt sie hin und her. Das beobachten die „Ameisen-Hebammen" und öffnen die Puppenhülle. Jetzt kann die Ameise herausschlüpfen. Sie wird gleich von der „Hebamme" abgeleckt und gefüttert.
Eine rote Waldameise kann bis zu 10 Jahre alt werden, eine Königin sogar bis zu 20 Jahren.

Sigismund, der Salamander

Text und Melodie: Rudolf Mika

Sigismund, der Salamander,
lebt an einem kleinen Tümpel.
Am Stadtwaldrand, doch ringsherum
liegen Müll und viel Gerümpel.
Sigismund und seine Freundin,
die fette Kröte Klarabella,
denken sich: Na ja, die Menschen,
sind in vielen Dingen schneller.

Und im Salamanderhain
tanzen dann um Mitternacht
Schnecken, Lurche und auch Mäuse,
und es wird auch viel gelacht.

Als das Wochenende kam,
war der Wald in Menschenhand.
Jogger liefen kreuz und quer,
Wandrer zogen durch das Land.
Wenn dann alle Menschen gingen,
staunten Bäume und Getier,
lagen da doch Plastikflaschen
und auch manche Flasche Bier.

Und im Salamanderhain
saßen dann um Mitternacht
Schnecke, Käfer und die Kröte,
hatten einen Plan gemacht.

In den frühen Morgenstunden,
zogen sie zum Wald hinaus.
Als die Menschen wiederkamen,
sahen sie nicht Wurm, nicht Maus.
Suchten unter Plastiktaschen,
suchten unter Einwegflaschen.
Keine Spuren von den Tieren,
wo nur waren sie geblieben?

Doch der Bürgermeister sagt:
„Unser Wald soll sauber sein!"
Alle Bürger zeigten Reue,
sammelten den Unrat ein.
Doch, wer sagt es nur den Tieren?
Kommen sie denn wohl zurück?
Haben wir sie ausgerottet
oder haben wir noch einmal Glück?

Tief im Salamanderhain,
hat ein alter Kauz gepfiffen:
„Endlich, aber nicht zu spät,
haben's Menschen noch begriffen."

Ein Waldfest

Das große Waldspiel

Treffpunkt ist der Wanderparkplatz. Nach und nach werden die Eltern mit ihren Kindern dort eintreffen. Sobald eine Gruppe von 6 bis 10 Kindern und Eltern zusammen sind, werden sie als Spielgruppe losgeschickt. Sie erhalten einen Brief, in dem der Weg zur ersten Spielstation beschrieben ist.

Dort angekommen, erwartet sie ein Spielposten, der eine besondere Aufgabe stellt. Ist die Aufgabe gelöst, wird der Weg zur nächsten Station erklärt.
So wandert die Gruppe von Station zu Station und lernt mit verschiedenen Spielaufgaben den Wald kennen.
Die Vorbereitung zu diesem Spiel ist etwas aufwendig, da mehrere Personen als Posten für die Spielstationen gebraucht werden. Doch werden Sie sicher Eltern finden, die bei der Vorbereitung und Ausführung dieses Waldspieles Spaß haben und gerne mitmachen.

Die Spielstationen

Es kommt darauf an, welches Waldgelände Sie zur Verfügung haben und welche „Waldspielsachen“ dort zu finden sind. Diese Spielbeschreibungen sind Anregungen dazu:

1. Station
Die erste Station ist gleich hinter der nächsten Wegbiegung. Dort wartet eine Blumenfrau, sie trägt ein Blumenkleid und einen mit Blumen geschmückten Strohhut. Auf dem Baumstumpf neben ihr steht eine Blumenvase mit 6 Waldblumen. Welche Blumen sind es?
Wenn die Gruppe die Namen aller Blumen genannt hat, verrät die Blumenfrau den Weg zur nächsten Station.

2. Station
Die Strecke zur zweiten Station ist ein Trampelpfad durch die Büsche. Ganz unerwartet trifft die Spielgruppe auf eine Märchenfrau, sie sitzt mitten im Weg auf einem Baumstamm und ist mit einem großen Kopftuch und langem Rock bekleidet. Sie hält ein dickes Märchenbuch in der Hand und fragt nach Märchen, in denen auch ein Wald vorkommt. Wie viele Märchen kann die Spielgruppe aufzählen? Die Spieler bekommen als Belohnung Lebkuchenherzen und werden zur nächsten Spielstation geschickt.

3. Station
Zwerg Nase wartet hinter der Futterkrippe und hat 7 geheimnisvoll riechende Säckchen an seinem Gürtel hängen. Die hält er den Spielern unter die Nase. Was ist drin? In jedem Säckchen ist etwas anderes zu riechen, zum Beispiel Moos, Tannenzapfen, Erde, Tannenzweige, Rinde, Blätter, Pilze. Hat die Gruppe alle Gerüche herausgefunden, wird sie weiter auf den Weg geschickt. Jetzt geht es den Hang hinauf bis zur großen Eiche.

4. Station
Ein Jäger sitzt unter dem Baum, er trägt eine grüne Jacke und einen Jägerhut aus Papier gefaltet. Neben ihm liegen auf einer Bank viele Bögen Tonpapier, und die Spieler werden aufgefordert, sich einen Jägerhut zu falten. Erst dann wird die nächste Wegstrecke verraten.

5. Station
Auf der Wegstrecke wird die Spielgruppe von einem Waldschratt überrascht. Er hat ein verrücktes Gewand an und hüpft von einem Fuß auf den andern. Er ist ganz aufgeregt, denn er begegnete unheimlichen Waldtieren. Er erzählt von Tieren, die buschige Schwänze haben und von Ast zu Ast hüpfen (Eichhörnchen), die lange Ohren haben und schnell wie der Wind flitzen (Hasen), die Bäume auf dem Kopf tragen oder weiße Blumen am Po (Hirsche und Rehe) . . . Wenn die Spieler ihm die Namen der Waldtiere genannt haben, sagt er ihnen, wohin sie jetzt gehen müssen und verschwindet wieder im Gebüsch.

6. Station
Eine Kräuterfrau wartet schon auf der Bank. Sie ist in einen grünen Mantel gehüllt. Sie hat aus Waldkräutern verschiedene Teesorten zubereitet. Diese Tees bringen Gesundheit und Wohlbefinden, das verspricht die Kräuterfrau, wenn die Spielgruppe die Namen der Kräuter errät. Die Spieler bekommen von allen Tees zu kosten und raten. Da gibt es zum Beispiel Kamillentee, Hagebuttentee, Brombeertee. Die Spielgruppe zieht weiter.

7. Station
Ein Waldmännchen wartet auf die Gruppe, es hat einen großen Taktstock in der Hand und einen mit Tannengrün geschmückten Zylinder auf. Jetzt fehlt nur noch das Waldorchester. Die Spieler werden aufgefordert, sich Waldinstrumente zu suchen, zum Beispiel eine Tannenzapfen-Rätsche, eine Gras-Flöte, eine Stein-Rassel oder ein Ast-Klangholz. Haben alle Musikanten ihre Instrumente gefunden, singen und spielen sie ein Waldlied. Mit ihren Instrumenten ziehen die Spieler weiter.

Endstation: Waldwiese
Hier kommen nach und nach die Spielgruppen an. Das gibt ein Hallo, ein Erzählen und Lachen, denn jede Gruppe hat andere Waldabenteuer erlebt! Sind alle Gruppen eingetroffen, findet das Fest mit einem Picknick und vielleicht einem Reigentanz, an dem sich die Kinder und Eltern beteiligen, seinen Abschluß.

In den Hecken

Zwischen Wald und Wiesen, auch an Wegrändern und zur Abgrenzung von Feldern wachsen dichte Hecken.

Hecken als Bodenschutz

Für die Felder bieten die Hecken einen Windschutz, so daß sie nicht austrocknen und die Erde nicht weggeweht wird. Die Wurzeln der Hecken halten den Erdboden fest, nehmen das Regenwasser auf und geben die Feuchtigkeit langsam an den umliegenden Boden ab.
Wie wichtig solche Hecken sind, das haben die Bauern gemerkt, als sie Hecken abholzten, um mehrere Äcker zusammenzulegen und besser mit den Maschinen durchzukommen. Da trocknete das Ackerland aus, die wertvolle Erdkrume wurde von Windstürmen aufgewirbelt und fortgeweht, und das Regenwasser schwemmte den Boden aus.

Hecken als Naturschutz

In den Hecken leben viele Tiere und Pflanzen. In die Hecken bauen Vögel ihr Nest, zum Beispiel die Goldammer, der Zaunkönig und die Amsel. Unter den Hecken finden kleine Tiere Unterschlupf, zum Beispiel der Igel, die Erdkröte und die Feldmaus. Zwischen den Hecken krabbeln Käfer, Raupen und andere Insekten. So benützen die Tiere die Hecken als Nistplatz, Schlafstätte und Schutzgebiet.

Die Spinne

Die Spinne krabbelt gern in eine Hecke und bringt dort ihr Fangnetz an. Spinnen sind für die Menschen sehr nützliche Tiere, denn sie verspeisen eine große Menge Fliegen.
Leider fürchten oder ekeln sich viele Kinder vor Spinnen. Vielleicht gelingt es Ihnen, den Kindern Angst und Schrecken zu nehmen, wenn Sie mehr von diesem interessanten kleinen Tier erzählen.

So sieht eine Spinne aus
Die Spinne hat acht Beine und an der Stirn 6 oder 8 winzige Augenflecken, mit denen sie aber nur Helligkeit und Formen unterscheiden kann. Am Hinterleib sitzen die Spinndrüsen, damit spinnt sie ihre Fangnetze.

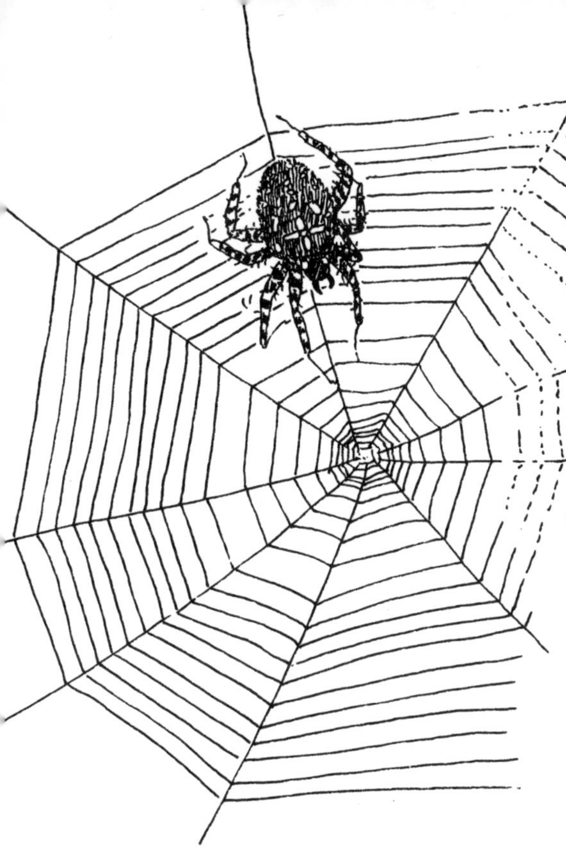

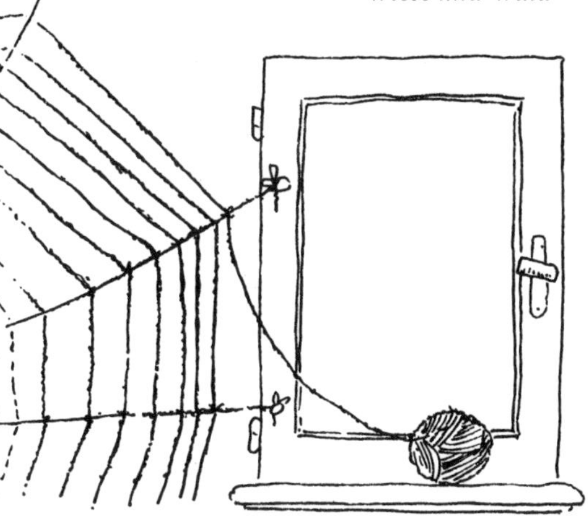

Ein Woll-Spinnennetz

Wenn die Kinder mit Wollfaden ein Spinnennetz knüpfen, erfahren sie, daß das gar nicht so einfach geht. Dann bekommen sie Respekt vor der Spinnkunst der kleinen Spinne.

Das Woll-Spinnnetz kann 1 m oder noch größer sein. Das sieht sehr gut aus. Und so wird gesponnen: Zuerst werden zwischen Fenster und Zimmerwand mit schwarzer oder grauer Wolle die Rahmenfäden gespannt. Dann knüpfen die Kinder ein Fadenkreuz in die Mitte und bekommen so den Mittelpunkt des Spinnennetzes. Von dort aus flechten und knüpfen sie weitere Fäden strahlenförmig in alle Richtungen, so wie es die Spinne auch macht. Zum Schluß wird von der Mitte aus ein großer Spinnfaden wie eine Spirale rundum gewebt und jeweils an den anderen Fäden festgeknüpft.

Die Überraschung ist groß, wenn am nächsten Tag im Woll-Spinnennetz Süßigkeiten hängen. Eine leckere Speise für Schleckermäulchen-Spinnen.

Das Spinnennetz

Im Netzbauen ist die Kreuzspinne eine Meisterin. Nicht alle Spinnen können solche schönen Netz-Kunstwerke anfertigen. Manche machen nur sehr schlampige Netze. Ein Kreisnetz, wie sie die Kreuzspinne anlegt, wird nach einem bestimmten Bauplan gebaut. Und das geht so:

Zuerst spannt die Spinne einen Rahmen zwischen Zweigen, dann zieht sie strahlenförmige Fäden ein, wie Radspeichen sehen sie aus, und zum Schluß spinnt sie einen klebrigen Faden spiralförmig in das Netz. In diesem klebrigen Faden verfängt sich die Beute.

Heckenblütenreigen

Die Hecken bestehen nicht aus einer einzigen Pflanzenart. So kommt es, daß eine Hecke von Februar bis Juli blüht, immer wieder an einer anderen Stelle: Zuerst sind es die Haselblüten mit ihren langen, gelben Blüten, ab März blühen die Weidenkätzchen, im April und Mai leuchten die kleinen weißen Blüten der Schlehe und der Traubenkirsche. Danach treiben Weißdorn, Pfaffenhütchen und Holunder ihre Blüten aus und blühen um die Wette. Wildrosen und Brombeeren schließen den Blütenreigen.

Der Strauch der Frau Holle

Von den Hecken ist der Holunder ein besonderer Strauch. Er heißt auch Hollerstrauch.
Früher glaubten die Bauern, dort würde die Göttin Holda wohnen. Sie hat die Oberaufsicht über den Feldbau und schaut nach, ob auch der Haushalt ordentlich geführt ist. Sie ist eine freundliche, fürsorgliche und wohltätige Frau, die Menschen und Tiere vor Krankheiten schützt. Deshalb pflanzten viele Bauern in ihren Hof oder neben eine Scheune einen Hollerbusch an, um die Göttin zu einem Besuch bei sich einzuladen, damit sie das Haus beschütze.
Übrigens ist die Göttin Holda den Kindern recht gut bekannt. Es ist die Frau Holle.

Holunderblütenküchlein

Eine Leckerei, die den Kindern besonders schmeckt. Hier das Rezept:
Die frisch aufgeblühten Holunderblütendolden pflücken, beim Waschen nur kurz durchs Wasser ziehen, dann abtropfen lassen. In der Zwischenzeit einen Pfannkuchenteig aus folgenden Zutaten anrühren: 2 Eier, 2 Eßlöffel kohlensäurehaltiges Mineralwasser, 1/2 Eßlöffel Zucker, 1 Päckchen Vanillinzucker, knapp 1/4 l Milch, etwa 100 g Mehl, etwas Backpulver, 1 Prise Salz. Der Teig muß dünnflüssig sein. Etwa 15 Minuten ruhen lassen
Zum Ausbacken etwas Öl in einer Pfanne erhitzen, eine Blütendolde am Stiel fassen, in den Teig eintauchen und in die Pfanne setzen. Auf diese Weise kann man gleich zwei oder drei Küchlein ausbacken.
Nach dem Backen auf einem Kuchengitter etwas abkühlen lassen, dann mit Puderzucker oder Zimtzucker bestreuen und noch warm servieren. Dazu paßt Kompott oder Vanillesoße.

Wald- und Wiesenmusik

Das ist ein Zirpen und Zwitschern, ein Fiepsen und Piepsen, ein Trillern und Trällern, ein Rischeln und Rascheln . . . wenn die Wald- und Wiesen-Musikanten sich treffen und ihre Musik zum besten geben. Damit aus dem Durcheinander der Klänge und Töne ein gemeinsames Spiel wird, bekommen die Musikanten Noten. Weil aber Wald- und Wiesen-Musikanten keine richtigen Noten lesen können, werden die Noten als Bilder gemalt, auf denen kleine Geschichten dargestellt sind.

Doch zuerst müssen die Musikanten und ihre Instrumente gefunden werden.

Die Musikinstrumente

Auf dem Boden verteilt liegen alle Instrumente, das sind die Orffschen Instrumente, aber auch die selbstgebastelten Instrumente und die lustigen Jahrmarktinstrumente, wie Tröten und Vogelflöten, Rätschen und Rasseln. Vielleicht ist sogar eine Kuckucksflöte dabei? Alles ist zu gebrauchen!

Die Kinder sitzen im Kreis um die Instrumente.

Nun beginnen Sie das Spiel:

Sie nehmen zum Beispiel eine Rassel und bewegen sie langsam hin und her: Das ist ein Igel, der am Waldboden raschelt.

Als nächstes nehmen Sie zwei Holzstäbe und schlagen sie ein paarmal schnell und kurz an: Das ist ein Specht, der auf dem großen Baum sitzt und nach Würmern klopft.

Spätestens jetzt haben die Kinder das Spiel verstanden. Nun geht das Suchen nach Klängen und Geräuschen los.

Wie klingt ein hüpfendes Eichhörnchen, was paßt zu einem grabenden Maulwurf, welcher Ton entspricht der Bewegung des Laufkäfers, was könnte das Laufgeräusch des Tausendfüßlers sein?

Die Mitspieler

Bei dieser Wald- und Wiesenmusik spielen alle Tiere mit, die im Wald und auf der Wiese leben, egal ob sie groß oder winzigklein sind, zum Beispiel Waldmaus, Amsel, Hase, Fuchs, Regenwurm, Reh, Schmetterling, Marienkäfer, Ameise . . .

Jedes Kind sucht sich ein Instrument aus und überlegt, welches Tier dazu am besten paßt. Da kann es schon mal vorkommen, daß ein Maulwurf mit der lauten Triangel gespielt wird, weil er so schnell durch seine Gänge flitzt! Gut so! Das entscheiden schließlich die Kinder.

Die Musik-Geschichte

Wenn alle Kinder ihre Instrumente und die dazu passenden Tiere ausgesucht haben, dann kann die Geschichte entwickelt werden. Damit kein Tier vergessen wird, schreiben Sie am besten alle Tiere auf.

Die Geschichte können Sie zusammen mit den Kindern ausdenken, denn die haben dazu immer sehr lustige Ideen. Und Phantasie ist erlaubt. Da wird zum Beispiel der Regenwurm mit dem Maulwurf Verstecken spielen oder der Fuchs mit dem Schmetterling tanzen, und die Hasen klopfen den Takt dazu.

Als Geschichte eignen sich Themen wie „Der Hase feiert seinen Geburtstag und lädt seine Freunde dazu ein.“ Oder „Frosch und Maus feiern Hochzeit, und alle tanzen beim Hochzeitsreigen mit“, oder „Der Igel hat sich verlaufen, und die Tiere helfen ihm, seinen Weg wieder zu finden.“

Das Musik-Bild

Ist die Geschichte fertig, malen Sie die Spielszenen auf einen großen Bogen Papier. Besser noch, die Kinder malen selbst ihre Tiere auf das Bild. Wie bei einem Bilderbuch wird die Geschichte in einer Bilderfolge dargestellt. Das ist das Notenblatt der Musikanten. Jetzt sehen sie genau, wann sie mit ihrem Instrument einsetzen oder aufhören müssen, je nachdem, ob ihre Tiere auf dem Bild abgebildet sind oder nicht. Ein Zeigestab führt dabei über die Stationen.

Die Spielweise

Nun erzählen Sie die Geschichte, zeigen dabei auf die entsprechenden Bilder, und gleichzeitig spielen die Kinder auf ihren Instrumenten mit. Zum Beispiel so:

Ein Eichhörnchen hüpft von Ast zu Ast (und gleichzeitig läßt der Musikant den Schlägel des Glockenspiels von Ton zu Ton hüpfen), dann krabbelt der Tausendfüßler über einen Baumstamm (und gleichtzeitig krabbelt der Musikant mit seinen Fingern über das Trommelfell), der Fuchs tapst durch den Wald (und gleichzeitig tapst der Schlägel des Musikanten über sein Xylophon), und eine Meise zwitschert von der hohen Tanne herab (und gleichzeitig zwitschert und bläst der Musikant mit der Vogelpfeife).

3. Kapitel

Menschen bewohnen die Erde

Hier wohne und lebe ich!

In den vorhergehenden Kapiteln haben die Kinder erfahren, wo sich die Pflanzen ansiedeln, wie die Bäume wachsen und wie sich die Tiere in der Erde einrichten und ihre Höhlen und Burgen bauen.
Doch, wie richten sich die Menschen ein, wo siedeln sie an und wie gestalten sie ihre Umwelt?
Diesen Fragen können die Kinder mit interessanten Spielen nachgehen. Jetzt wird ihre Umwelt zur Erlebniswelt – und Umwelterziehung fängt an.
Es ist wichtig, daß Sie jeweils von den örtlichen Gegebenheiten des Kindergartens ausgehen. Deshalb sind die Spielbeschreibungen als Anregungen zu verstehen, die Sie variieren können.

Rund um den Kindergarten

Wie ist das Gelände rund um den Kindergarten bebaut?
Was ist auf der Erde aufgebaut?
Was ist in die Erde gegraben?
Gibt es Hügel, Straßen, Gärten, Parks, Parkplätze, Häuser, Spielplätze?
Sind Bäume, Büsche oder Blumenbeete angepflanzt?
Welche Tiere leben hier?
Als Detektive ziehen die Kinder los und erkunden ihre Umgebung. Nach dem Rundgang erzählen sie, was sie alles entdeckt haben. Mit Eifer sind sie dabei, wenn Sie einen Plan von der Umgebung des Kindergartens zeichnen und mit den Kindern die wichtigsten Entdeckungen aufmalen.

TIP: Malen Sie nur die Straßen, und die Kinder zeichnen die Häuser, Bäume usw. ein.

Meine Wohnung

Es gibt unterschiedliche Wohnanlagen: Hochhäuser, Reihenhäuser, Mehrfamilienhäuser, Einfamilienhäuser, Doppelhäuser, Bauernhäuser, Villen, Baracken...
Es gibt alte Häuser, neue Häuser, Häuser mit Betonwänden, Holzwänden oder Backsteinwänden, Häuser mit Efeu bewachsen oder mit einem Garten rundum, Häuser an der Hauptstraße des Ortes oder Häuser zwischen Parkanlagen.
Die Kinder berichten von ihrem Wohnhaus. Mit Fragen dieser Art können Sie die Kinder beim Erzählen unterstützen: „Gibt es auch ein Treppenhaus, einen Keller, einen Balkon?“ „Wo ist im Haus oder vor dem Haus ein Platz zum Spielen?”
Wenn die Kinder Spaß daran haben, zeichnen sie zum Schluß ihr Wohnhaus auf große Malblätter. Alle Bilder werden aufgehängt und Sie können die unterschiedlichen Wohnanlagen mit den Kindern besprechen. Dabei geht es nicht um ein schöneres oder besseres Wohnen, sondern um die Vielfalt der Wohnhäuser.

Mein Traumhaus

Wer sich mit den Kindern unterhält, wird erstaunt erfahren, daß diese genaue Wunschvorstellungen von einem schönen Wohnhaus haben. Die einen sind von einem hohen Turm begeistert, die anderen wollen lieber eine Burg oder einen Palast oder ein Schloß wie im Märchen. Vor allem aber wünschen sie sich viel Platz zum Spielen, Wohnräume mit Ecken und Nischen, Treppenhäuser mit Tunnels und Rutschen, Hauseingänge mit Schaukeln und Kletterbalken.
Jetzt können die Kinder wie ein Architekt ein Modell von ihrem Traumhaus bauen. Baumaterial sind Papier, Karton, Holzstäbe, Zweige, Kieselsteine, selbstgeformte Ton-Bausteine, Kork, Basteldraht, Schnur, Schmuckbänder, Perlen, Glitzerpapier und viel bunter „Krimskrams“ aus der Bastelkiste.
Wenn alle Traumhäuser fertig gebaut sind, werden sie zu einer Traumstadt zusammengestellt.

Mit anderen Menschen zusammenleben

Im Kindergarten

Wer wohnt noch im Kindergartengebäude? Diese Frage ist schnell zu klären. Die Kinder machen einen Rundgang und schauen einfach nach.
Wie viele Kinder sind in der eigenen Gruppe? Gibt es noch andere Kindergruppen? Ist der Kindergarten an ein Gemeindehaus angebaut? Wer wohnt da? Gibt es einen Hausmeister?

Zuhause

Wer wohnt im Haus mit den Kindern? Gibt es Nachbarn? Die Kinder schauen noch einmal ihre gemalten Häuser (siehe Seite 77) an und erzählen. Wer in einem Einfamilienhaus wohnt, der ist mit seinem Bericht schnell fertig. Wer aber in einem mehrstöckigen Haus wohnt, der hat viel zu erzählen.

Auf der Straße

Wandern Sie mit den Kindern die Straße entlang, die an den Kindergarten grenzt. Alle schauen aufmerksam die Häuser an und überlegen, wer wohl darin wohnt oder arbeitet.
Vielleicht gibt es ein Geschäft oder ein Büro, in das Sie mit den Kindern hineinschauen können. Wenn Sie Ihren Besuch vorher anmelden, wird sich sicher jemand bereit erklären, den Kindern von den Leuten oder von der Arbeit zu erzählen.

In der Gemeinde

Da gibt es große Wohnsiedlungen, in denen viele Menschen wohnen, aber auch Gegenden, wo nur wenig Häuser stehen. Die Leute kaufen ein, was sie zum Leben brauchen. Dazu gehen sie in Geschäfte oder in Supermärkte. Wenn jemand krank ist, geht er zum Arzt oder in das Krankenhaus. Alte Leute, die sich nicht mehr allein versorgen können, wohnen in einem Altersheim. Für die Kinder sind Kindergärten, Schulen und Spielplätze gebaut. Dort spielen und lernen sie. Die Erwachsenen gehen zur Arbeit in Büros, Geschäfte oder Fabriken. Für groß und klein gibt es Parkanlagen, Kinos, Sportplätze, Schwimmbad, Konzerthalle, Diskos, Theater und vieles mehr. Hier können sich alle in ihrer Freizeit vergnügen. In jedem Ort gibt es auch Kirchen und dazu das Pfarrhaus. Durch den Ort führen Straßen, vielleicht sogar Schienen für Straßenbahnen, S-Bahnen oder Züge. Jede Gemeinde hat ein Rathaus, von hier aus wird das Leben der Menschen in dieser Gemeinde verwaltet.

Sandkastenspiel

Das Leben in einer Gemeinde, genauer gesagt das Zusammenleben der Menschen, ist für Kinder nicht einfach zu verstehen. Während die Kleinen mit diesem Wissen überfordert sind, werden die Älteren der Kindergruppe dieses Spiel sehr interessant finden.

Zuerst suchen die Kinder in der Spielzeugkiste nach Häusern, Bäumen, Autos, Zäunen usw. Mit diesen Spielsachen wandern sie zum Sandkasten. Dort wird eine kleine Stadt bzw. ein Dorf aufgebaut. Das geht so:
Sie nehmen ein Haus: „Das ist ein Wohnhaus, wo soll es in unserer kleinen Stadt stehen?“ Die Kinder stellen das Haus in den Sandkasten. Dann nehmen Sie das nächste Haus: „Das ist der Kindergarten, wo soll er gebaut werden?“ Wieder bestimmen die Kinder den Standort. Danach kommt das Rathaus, die Schule, weitere Wohnhäuser, Geschäfte, Parkanlagen mit Bäumen, ein Schwimmbad, ein Tennisplatz, ein kleiner Stadtwald usw.
Es werden auch Straßen in den Sand gezogen und Hügel aufgebaut. Zum Schluß steht im Sandkasten eine kleine Stadt Und es wird nicht lange dauern, und die Stadt wird mit Spielfiguren bevölkert und ein buntes Treiben beginnt.

Spielraum für die Kinder

In Dörfern sind die Spielmöglichkeiten für Kinder groß. Die Kinderschar muß nur um ein paar Straßenecken rennen und schon liegt das schönste Naturspielgelände vor ihnen.
Die Stadtkinder hingegen müssen oft viele Häuserblocks weiterziehen, bis sie an einen Spielplatz kommen, auf dem sie ungestört toben und rennen können.

TIP: Machen Sie die Eltern auf gute oder unzureichende Spielplätze aufmerksam und muntern Sie zu einer Spielplatz-Initiative auf – den Kindern zuliebe!

Spielplatz gesucht!

Gute Spielplätze sind rar geworden. Die Nebenstraßen, die lange Zeit das Spielrevier der Kinder waren, sind inzwischen von den Autofahrern entdeckt worden, die einem Stau ausweichen wollen. Maßnahmen für eine Verkehrsberuhigung schaffen auch nicht mehr Spielraum für die Kinder, denn immer noch rasen Autos durch diese Gassen. Die Hinterhöfe sind längst zu Müll-Aufbewahrungsplätzen geworden, und Spielen wird wegen Lärmbelästigung verboten.
Die wenigen künstlich gebauten Spielplätze ähneln einer Spielgeräte-Ausstellung. Diese lieblosen Spielghettos werden von den Kindern meistens gemieden, dafür um so bevorzugter von Hunden als Hunde-Clo benutzt. Ist mal ein großer Platz zum Rennen und Ballspielen in Aussicht, dann werden die Kleinen von den Großen verjagt, weil diese Fußball spielen wollen.
Wer die Kinder bei ihren Spielen beobachtet oder sie nach ihren liebsten Spielen und Spielgeräten fragt, der weiß genau, was den Kindern fehlt und welches Spielgelände sie brauchen. Die Planer und Architekten der Spielplätze scheinen dies meist nicht zu wissen.
Und wie sieht es im Wohnbereich Ihrer Kindergartenkinder aus? Sprechen Sie mit den Kindern darüber! Lassen Sie die Kinder erzählen, wo sie am liebsten spielen und was ihnen an ihren Spielplätzen gefällt oder nicht gefällt!

So soll unser Spielplatz sein!

Es ist bemerkenswert, wie gut die Kinder wissen, was sie auf ihrem Spielplatz gerne hätten. Dabei kommt es ihnen nicht auf teure Schaukeln oder Rutschen an. Sie bevorzugen ein Stück Natur mit Hügeln, Gräben, Steinen, Baumstämmen, einem kleinen Bach oder Brunnen, mit Sandberg und Lehmboden, mit Kletterbäumen und Büschen zum Verstecken. Sie wollen ein Gelände, das sie gestalten können und nicht einen Platz, auf dem alles vorfabriziert ist.
Die Kinder wollen rennen und springen, toben und laut sein können, aber auch eine stille Ecke zum Alleinsein haben.

Mal ehrlich!

Wie sieht der Spielplatz ihres Kindergartens aus?
Fragen Sie die Kinder selbst:
Was gefällt ihnen am besten?
Wo spielen sie am liebsten?
Was fehlt ihnen zum Spielen?
Wo wollen sie etwas verändert haben?
Die Antworten der Kinder werden Sie überzeugen, ob der Spielplatz Ihres Kindergartens „prima zum Spielen ist", den Bedürfnissen der Kinder entspricht und die Kinder ihre kreativen Spiele entfalten können – oder ob es an einer guten Einrichtung mangelt.

TIP: Auch der Spielplatz eines Kindergartens kann verändert oder mit Elterninitiative neu gestaltet werden!

Schau dich um in deiner Stadt

Text und Melodie von Klaus W. Hoffmann

Schau dich um in deiner Stadt,
was sie dir zu bieten hat:
Wüsten aus Beton und Stein,
Kinder passen da nicht rein.
Weil man sie nicht eingeplant hat.
Schau dich um in deiner Stadt.

Schau dich um in deiner Stadt,
was sie dir zu bieten hat:
Dreck, Benzingestank und Rauch,
kaum noch Platz für Baum und Strauch.
Weil man alles zugebaut hat.
Schau dich um in deiner Stadt.

Sprechgesang:
So darf es nicht weitergehn,
da muß dringend was geschehn!
Wir können uns gemeinsam wehren!

Wir wolln eine neue Stadt,
die uns mehr zu bieten hat:
Bauspielplätze, Parks und Seen,
Häuser, die im Grünen steh'n,
wo man wieder Spaß am Wohnen hat.
Wir wolln eine neue Stadt!

Die Erde ist zugebaut

Kinder suchen die Erde

Die Kinder schauen sich um. Wo können sie Erde sehen? Zum Beispiel auf der Spielwiese, im Garten unter Büschen und Bäumen. Doch, was ist dort, wo keine Erde zu sehen ist, wo sie zugebaut ist? Dort sind Häuser gebaut, führen Straßen darüber, sind Plätze betoniert. Aber unter den Häusern und Straßen und Plätzen, da ist immer noch die Erde. Aber da können Pflanzen nicht mehr wachsen und keine Tiere einen Unterschlupf finden.

Wo ist die Erde?

Doch hier und da schaut zwischen Häusern, Straßen und Plätzen doch noch Erde hervor. Ob die Kinder solche Stellen entdecken?

Machen Sie mit den Kindern einen kleinen Rundgang. Dort könnten die Kinder Erde finden:

- in kleinen Vorgärten,
- an Wegrändern,
- in Blumentrögen vor den Häusern,
- in Blumenbeeten vor öffentlichen Gebäuden,
- rund um Bäume am Straßenrand,
- unter Büschen vor Parkplätzen,
- ...

Eine Pflanze sprengt den Asphalt

Die Aufregung ist groß, wenn die Kinder plötzlich entdecken, daß mitten auf der Straße oder dem Gehweg der Asphalt aufgebrochen ist und ein zartes grünes Pflänzchen hervorschaut. Wie ist das möglich?
Das können die Kinder mit dem nachfolgenden Experiment selbst erforschen.

Einen Joghurtbecher etwa 2 cm hoch mit Wasser füllen. Soviel Gipspulver einrühren, bis die Masse ein zäher Brei ist. In diesen Brei zwei Bohnen drücken, so daß sie nicht mehr zu sehen sind. Ist der Gips hart geworden, die Form herauskippen, auf einen Teller legen und etwas Wasser dazugießen. Täglich nachfüllen. Nach ein paar Tagen haben die Bohnenkeimlinge den steinharten Gips gesprengt. So stark sind Pflanzen!

Mehr Natur in der Stadt

Überlegen Sie mit den Kindern, ob es nicht mehr Möglichkeiten gibt, Gärten oder Beete oder Grünstreifen an Wegen, Straßen und Plätzen anzulegen. Zum Beispiel:

Muß an den Parkplätzen alles asphaltiert sein – oder gibt es auch Stellen, auf denen nicht geparkt wird und Beete angelegt werden können?

Muß der Vorplatz von Kindergärten oder Schulen bis zur Mauer gepflastert sein, oder gibt es auch Ecken, in denen die Pflastersteine überflüssig sind und „grüne Ecken“ mit Büschen und Blumenstauden angelegt werden können?

Muß der Baum am Straßenrand bis zum Stamm zubetoniert werden – oder könnte man rund um den Baum mehr Erde freilegen?

Muß der Gehweg zum Gemeindehaus so breit sein – oder könnte man einen kleinen Streifen freilegen und Blumen anpflanzen?

Muß der ganze Hinterhof zubetoniert sein – oder gibt es die Chance, davon ein Stück in eine „Naturecke“ zu verwandeln mit Büschen und Wiesenblumen?

TIP: Mehr zu diesem Thema steht in dem Band „Luft“, Seite 60 bis 61.

Immer mehr Menschen

Die Menschen brauchen immer mehr Raum für ihre Wohnhäuser, für ihre Landwirtschaft, für ihre Schulen, Geschäfte, Büros und Fabriken. Gleichzeitig brauchen sie auch immer mehr Naturraum zur Erholung. Und von Jahr zu Jahr gibt es mehr Menschen.
Doch – dieses Problem der Überbevölkerung der Erde soll im Kindergarten nicht thematisiert werden. Allerdings kann man den Kindergartenkindern schon erklären, daß wir Menschen sehr besonnen und verantwortungsvoll mit der Erde umgehen müssen. Dazu die nachfolgenden Spiele und Informationen.

Aus einem Dorf wird eine Stadt

Dieses Thema ist in vielen Bilderbüchern sehr anschaulich dargestellt. Leider beschränken sich diese bildlichen Darstellungen auf eine einseitige Sichtweise: Ein Ort wird immer größer und großartiger! Welche Konsequenzen das für Menschheit und Natur hat, das wird ausgelassen. Das können wir uns in der heutigen Zeit nicht mehr leisten. Wir müssen die Kinder besser auf ihre Zukunft vorbereiten und dürfen wichtige Zusammenhänge von Natur und Umwelt nicht verharmlosen. Dazu gehört auch dieser Aspekt: Die Erweiterung des Lebens- und Arbeitsraumes bringt gleichzeitig die Einschränkung und den Rückgang der Natur mit sich.

Spielgeschichte im Sandkasten

Dies ist eine Spielgeschichte, die Sie im Sandkasten wie ein kleines Theater in Szene bringen können. Die „Requisiten" sind viele Bauklötze als Häuser und viele Tannenzapfen als Bäume.
Während Sie die Geschichte erzählen, bauen Sie nach und nach im Sandkasten eine Spielstadt auf. So veranschaulichen und vereinfachen Sie den komplizierten Zusammenhang: Die Abhängigkeit von Mensch und Natur.

Geschichte
Vor vielen, vielen Jahren gab es nur sehr wenige Menschen. Sie hatten als Wohnungen ein paar kleinen Hütten. So lebten sie weit verstreut da und dort in winzigen Dörfchen und wußten oft nichts voneinander. (Erzählen Sie nun in der Gegenwartsform weiter:) So ist es auch in unserem kleinen Walddorf. Es heißt Walddorf, weil die kleinen Häuser mitten im Wald stehen.
Spiel
Sie setzen fünf oder sechs kleine Häuschen mitten in den Sandkasten. Dann stellen Sie rundum viele Tannenzapfen auf, das ist der Wald. Die Kinder bauen mit.

Geschichte
Die Familien, die in den Häusern wohnen, bekommen Kinder. Die Kinder wachsen heran, werden größer und älter. Schließlich sind sie erwachsen und wollen eigene Familien gründen. Deshalb verlassen sie das Elternhaus und bauen sich neue Häuser. Dazu müssen sie den Wald ein Stück roden, damit es Platz für ihre neuen Wohnungen gibt und sie mit dem Holz der Bäume ihre Häuser bauen können.

Spiel
Sie nehmen einige Tannenzapfenbäume wieder weg und stellen fünf oder sechs neue Häuschen dazu.

Geschichte
Jetzt wohnen in Walddorf schon viel mehr Leute. Sie wollen für ihre Kinder eine Schule bauen. Auch brauchen sie eine Kirche und einen großen Platz mitten im Ort zum Spielen, Tanzen und Feiern.

Spiel
Sie nehmen weitere Tannenzapfenbäume heraus und richten einen Dorfplatz, ein großes Schulhaus und eine Kirche ein.

Geschichte
In den neuen Familien wachsen Kinder heran, werden größer – und wenn sie erwachsen sind, heiraten sie, ziehen aus der Wohnungen der Eltern aus und bauen sich neue Häuser für ihre Familie. Nun brauchen sie auch mehr Ackerland, weil sie mehr Nahrungsmittel benötigen. Deshalb roden die Dorfbewohner wieder ein Stück Wald.
Spiel
Wieder nehmen Sie weitere Tannenzapfenbäume weg, stellen weitere Bauklötze auf und säen als Saatgut kleine Perlen aus.

Fortsetzung der Geschichte
Immer mehr Menschen werden in dem Dorf wohnen, und die Häuser werden immer größer und höher. Zuletzt werden große Hochhäuser gebaut. Auch gibt es ein Rathaus, Schulen, Kindergärten, Geschäfte, Büros, Fabriken ..., bis schließlich für das Dorf mehr als die Hälfte des Sandkastens zugebaut ist. Am Schluß führen sogar breite Straßen zu dem Ort, der nun so groß geworden ist, daß er Waldstadt heißt.
Fortsetzung des Spiels
Die Kinder beobachten, wie sich nach und nach der Sandkasten mit Häusern füllt und der Wald immer weniger wird. Sie erfahren dabei, daß es für die Bewohner der Waldstadt an der Zeit ist, genau zu überlegen, wie und ob sie ihre Stadt weiter vergrößern können.

Laßt mir meinen Kletterbaum

Text: Rolf Krenzer
Musik: Ludger Edelkötter

Refrain:
Laßt mir meinen Kletterbaum,
laßt ihn für mich stehn!
Es ist der letzte Kletterbaum,
und ihm soll nichts geschehn.

Einst waren viele Bäume da.
Nun sind sie umgehaun.
Nur weil der Platz so nötig war,
um Hochhäuser zu baun.

Nicole und Aike, Tom und ich,
wir kennen jeden Ast.
Wir klettern hoch in ihn hinein,
bis in die Krone fast.

Mal ist der Baum für uns Versteck.
Der Baum ist ja so groß.
Mal ist er Haus und manchmal auch
ein richtiges Märchenschloß.

Ganz oben hinterm dritten Ast,
dort, wo das Laub so dicht.
Da ist unser Geheimversteck.
Verratet's bitte nicht.

Mein Stammplatz ist vier Meter hoch.
Er ist ja kaum zu sehn.
Ich kann sogar von Ast zu Ast
im Baum spazierengehn.

Im letzten Herbst, da sagt' Herr Klotz:
„Der Baum muß auch noch weg!"
Da wurden alle Kinder still
und blaß vor lauter Schreck.

Im Frühling hat Nicole gelacht:
„Der Baum kommt niemals fort!
Kommt mit zum Baum!
Ich zeig euch was!
Ich kenn' ein Zauberwort!

Es ist verboten, daß der Baum
uns noch verlorengeht,
weil jede Kätzchenweide doch
unter Naturschutz steht!"

Refrain:
Rettung für den Kletterbaum
durch ein Zauberwort:
Naturschutz! Und mein Kletterbaum
bleibt stehn und muß nicht fort!

Unser Dorf – unsere Stadt

In der Spielgeschichte haben die Kinder erfahren, wie ein Dorf langsam größer wird, immer mehr Gebäude dazukommen, bis schließlich eine große Stadt daraus geworden ist. Und wie sieht es in dem Ort aus, in dem die Kinder wohnen? Das können sie selbst auskundschaften.
Wieder einmal ist die nachfolgende Spielaktion davon abhängig, in welchem Ort Ihr Kindergarten ist. Entsprechend werden Sie das nachfolgende Spiel variieren.

Wo stehen die ältesten Häuser?

Schön wäre es, wenn Sie mit den Kindern die ersten und ältesten Häuser des Ortes besichtigen könnten. Wohnen noch Leute dort? Ist vielleicht ein Heimatmuseum daraus geworden? Fragen Sie im Stadt- oder Gemeinde-Archiv nach besonderen Geschichten. Vielleicht hat der Stadt-Archivar Zeit für die Kinder und erzählt ihnen etwas von früher.
Sie können auch eine Person, die sich in der Ortsgeschichte auskennt, in den Kindergarten einladen und von früher erzählen lassen. Vielleicht gibt es alte Fotos zu sehen?

Wo stehen kleine und wo große Häuser?

Die Kinder erzählen, welche Häuser sie kennen. Wie groß ist das größte Haus und wie viele Familien wohnen hier? (Siehe auch Seite 78).

Wo . . . ?

- Wo kaufen die Leute ein?
- Wo arbeiten die Menschen?
- Wo verbringen sie ihre Freizeit?
- Wo sind Spielplätze?
- Wo sind Sportplätze?
- Wo wird gebaut?

Nehmen Sie einen Plan des Ortes zur Hand und malen Sie in verschiedenen Farben die Häuser oder Plätze an, zum Beispiel:

- Büros, Fabriken (rot),
- Spielplätze (blau)
- Sportplätze (gelb)
- Freizeitzentren wie Parks, Stadtwald, Zoo, Erholungszentrum (grün)

Jetzt kann es losgehen:

Aus Schuhkartons und anderen Schachteln werden die Häuser und Gebäude gebaut, genauer gesagt gebastelt, bemalt und beklebt. Jedes Kind sucht sich etwas besonderes aus. Klar, daß sich die „Stadtplaner" untereinander absprechen, wer welches Haus anfertigt. Nach getaner Arbeit ziehen die Kinder mit ihren Kartonhäusern in den Garten und stellen sie auf.
Als Spielfläche eignet sich am besten Steinboden; dann können die Kinder die Straßen mit Kreide auf den Boden zeichnen. Andernfalls können sie mit Kreppapierbändern die Straßen und Plätze auslegen. Als Bäume werden Tannenzapfen oder Äste auf Knete- oder Tonscheiben festgedrückt und aufgestellt.
So entsteht eine phantasievolle „Kinderstadt". Nur die Kinder bestimmen, wie diese aussehen soll.

So soll unsere Stadt aussehen!

Dies ist ein spannendes Spiel für die älteren Kinder der Gruppe. Sie werden zu Städteplanern und können ihre Stadt bauen, so wie sie es gerne hätten.
Doch vorher wählen sie aus, welche Gebäude in ihrer Stadt stehen sollen, zum Beispiel:

- Wohnhäuser
- Rathaus und Feuerwehr
- Schule und Kindergarten
- Kirche
- Geschäfte, Kaufhäuser
- Fabriken und Büros
- Spielplatz und Sportplatz
- Theater, Kino
- Schwimmbad
- Restaurants
- Bahnhof und Busbahnhof
- Krankenhaus
- Post

Vielleicht wollen die Kinder noch einen Zoo, einen Zirkus, ein Schloß, eine Burg, einen Märchengarten, einen hohen Turm, einen Flugplatz …

TIP: Diese Aktion kann über mehrere Tage dauern. Lassen Sie den Kindern Zeit für Absprachen, ermuntern Sie zum Phantasieren, weil in einer „Kinderstadt" alles möglich ist!

Was macht der Bauer mit der Erde?

Landwirtschaft

Was machen die Bauern mit der Erde, daß Getreide und Gemüse wachsen und die Menschen Nahrung bekommen? –
Sie bearbeiten den Boden, da gibt es viel zu tun:

- Die Erde wird gepflügt. Dabei wird sie in groben Erdschollen gewendet und der Boden aufgelockert.
- Die Saat wird ausgesät oder in den Boden gepflanzt.
- Mit der Egge werden dann die Schollen zerkrümelt und der Boden eingeebnet. Oder die Erde wird rund um die Saat angehäufelt, zum Beispiel bei Kartoffeln.
- Im Sommer oder Herbst wird geerntet, das Korn, die Kartoffeln und das Gemüse.

TIP: Es gibt viele, sehr schöne Bilderbücher, in denen die Arbeit des Bauern genau dargestellt ist. Wenn es die Kinder interessiert, lohnt sich ein Gang in die Bibliothek, um diese Bilderbücher auszuleihen.

Großfelderwirtschaft

Vor einiger Zeit wurde im Rahmen der Flurbereinigung die Landwirtschaft grundlegend verändert. Die kleinen Felder legte man zu großen Feldflächen zusammen, und die Hecken, als natürliche Umzäunung der Felder, wurden abgeholzt. So entstanden Monokulturen, das heißt, auf weite Flächen des Ackerbodens wurde jeweils nur eine Pflanzenart angebaut. Damit war die Bahn frei für große Landmaschinen. Doch war auch der Weg frei für schädliche Insekten, deren natürlichen Feinde jetzt ausblieben, zum Beispiel die Vögel, die keine Hecken mehr zum Nisten vorfanden (siehe Seite 68). Folglich mußten die Bauern mit chemischen Mitteln gegen die Schädlinge vorgehen.
Doch diese Gifte dringen auch in den Boden ein, werden dort von den Pflanzen aufgenommen und landen schließlich in unserem Essen. Es wird aber noch schlimmer:
Damit die Pflanzen besser wachsen und der Ernteertrag höher wird, düngen viele Landwirte ihre Felder mit Kunstdünger. Auch dieses Gift kommt über die Pflanzen wieder in unsere Lebensmittel.
Das macht uns Menschen krank!

Bio-Bauern

Zum Glück gibt es inzwischen Landwirte, die diese Art der Landwirtschaft nicht mehr mitmachen und wieder naturnahen, also ökologischen Landbau, betreiben. Sie haben kleinere Felder, da und dort wieder Hecken, sie versprühen keine giftigen Schädlingsbekämpfungsmittel und düngen mit organischen Düngern, zum Beispiel mit Kompost oder Mist. Es sind die Bio-Bauern, die darauf bedacht sind, umweltschonende, gesunde und biologisch hochwertige Lebensmittel anzubieten. Sie haben dadurch mehr Arbeit, und ihr Ernteertrag ist nicht ganz so hoch. Deshalb sind ihre Produkte auch teurer. Es ist ein Aufpreis, den wir unserer Gesundheit zuliebe bezahlen.

Es geht um unsere Gesundheit

Wir sollten die Arbeit der Bio-Bauern unterstützen und ihre Produkte kaufen. Wer sicher sein will, daß die Waren im Geschäft auch wirklich von einem kontrollierten ökologischen Anbau geliefert sind, der kann sich bei diesen ökologisch engagierten Landbauverbänden erkundigen: Demeter, Bioland, Naturland oder ANOG.

TIP: Wer in seiner Nähe keinen Biobauern kennt, auch kein entsprechendes Reformhaus oder einen Naturkostladen weiß, der kann sich mit einer Einsendung von 2,- DM eine Adressenliste zuschicken lassen von der Verbraucher-Initiative, Postfach 1746, 53 Bonn.

Bioladen

Erzählen Sie den Kindern von den Biobauern, den Bioprodukten und Bioläden. Wenn es die Kinder interessiert, besuchen sie einen Bioladen. Wenn Sie diesen Besuch vorher anmelden, wird sich dort bestimmt jemand finden, der mehr von diesen Bioprodukten zu erzählen weiß und auch von dem besonderen Landbau der Bauern berichten kann.

Die Erde ernährt die Menschen

Aus Gras wird Getreide

Vor vielen, vielen Jahren entdeckten die Menschen, daß man aus Getreidekörnern Brei kochen und Brot backen kann. Anfangs hatten die Menschen dafür nur die wild wachsenden Gräser zur Verfügung. Erst zu späterer Zeit entwickelte sich aus diesen Wildgräsern unser Getreide. Manche Gräserblüten sehen den Rispen und Ähren unseres Getreides immer noch sehr ähnlich.
Wenn Sie die Möglichkeit haben, Getreide und Gräser den Kindern zu zeigen, ist das ein interessantes Ratespiel: Welches Gras ähnelt welchem Getreide?

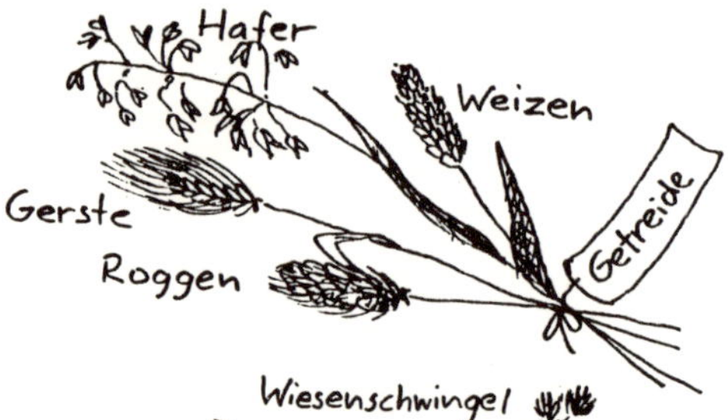

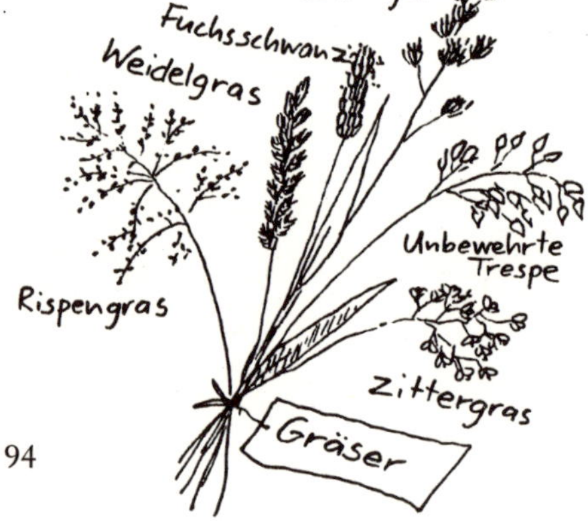

Die Körner

Die Getreidekörner sind die Samen des Getreides. Besorgen Sie aus einem Reformhaus diese Körner:

- Die Kinder schauen die Körner an,
- vergleichen und tasten,
- riechen,
- und nehmen auch ein Korn in den Mund, kauen und schmecken.

TIP: Kaufen Sie im Reformhaus nur solche Körner, bei denen Sie sicher sind, daß sie nicht mit Beizstoffen oder Insektengift behandelt wurden.

Keimlinge ziehen

Die Kinder werden entdecken, daß man die rohen Körner nicht in Mengen essen kann, nur eben mal eines knabbern und kauen. Ganz anders schmecken die Körner, wenn sie zu Keimlingen werden. Dann enthalten sie immer noch die Vitamine und Mineralstoffe, die für uns Menschen wichtig und „gesund" sind. Als Keimlinge eignen sich Hafer, Roggen, Weizen, Gerste und Dinkel.

Und so wird's gemacht:
1. Je eine Handvoll Körner gesondert in Gläser füllen, zum Beispiel in Marmeladegläser, und mit Wasser übergießen. Über Nacht stehen lassen.

2. Das Wasser abgießen und über den Glasrand ein dünnes Netz spannen, zum Beispiel ein Fliegengitternetz aus Nylon, und mit einem Gummiband festklemmen.

3. Die Gläser an einen kühlen, dunklen Platz stellen.
4. Täglich morgens und nachmittags mit Wasser spülen und abtropfen lassen, dabei dient das festgeklemmte Netz als Sieb.

5. Nach drei oder vier Tagen die Gläser auf das Fensterbrett stellen. Bei Sonnenlicht färben sich die blassen Keimlinge grün.

6. Weiterhin gut durchspülen.
7. Nach einem weiteren Tag können die Kinder die Keimlinge essen.

Keimling-Rezepte:
- Roh essen zum Butterbrot.
- über Salat oder Suppe streuen.
- kurz andünsten und als Gemüse essen.

Obst und Gemüse

Früchte der Erde

Die Vielfalt ist übergroß. Welches Obst oder Gemüse kennen die Kinder? Da gibt es Tomaten, Gurken, Bohnen, Erbsen, Grünkohl, Blumenkohl, Kohlrabi, Fenchel, Rosenkohl, Salat, Feldsalat, Rettich, Radieschen, Rote Beete, Möhren …
Da gibt es Äpfel, Birnen, Pfirsiche, Aprikosen, Orangen, Mandarinen, Bananen, Kirschen, Pflaumen, Mirabellen, Himbeeren, Brombeeren, Heidelbeeren, Stachelbeeren, Johannisbeeren, Kiwi, Ananas, Rhabarber, …
Jetzt ist mit den Kindern ein Ausflug zum Gemüsemarkt oder nächstgelegenen Gemüsehändler angesagt. Die Kinder kaufen dort ein, von jedem etwas.

Mit allen Sinnen

Das eingekaufte Obst und Gemüse wird auf dem Tisch ausgebreitet.

Schauen
Die Kinder vergleichen Formen und Größen. Sind sie groß, klein, lang, rund, gebogen? Die Kinder betrachten die Farben. Sind sie rot, blau, gelb, grün, weiß, orange?
Spiel
Mit Knete formen die Kinder Obst und Gemüse nach, packen alles in kleine Schachteln und Körbchen und bauen einen kleinen Marktstand auf. Wer will einkaufen? Ein lustiges Spiel beginnt.

Fühlen
Die Kinder tasten mit den Händen vorsichtig die Oberfläche ab. Ist sie rauh, hart, weich, samtig, glatt oder pelzig?
Spiel
Für die Tastkiste nehmen Sie einen etwas größeren Karton und schneiden an zwei gegenüberliegenden Seiten je ein Loch aus, gerade so groß, daß Kinderhände durchpassen. In den Karton werden mehrere Obst- und Gemüsesorten gelegt und ein Kind tastet und rät, was im Karton verborgen ist.

Schmecken
Die Kinder waschen das Obst und Gemüse und schneiden alles in kleine Stücke; vorausgesetzt, die Kinder haben gelernt, mit einem Messer umzugehen. (Große Stücke könnten Sie zuerst etwas kleiner schneiden.) Dann wird genascht, von jeder Sorte etwas.
Spiel
Haben alle gekostet und probiert, steht einer Gemüsesuppe und einem Obstsalat nichts mehr im Wege!

Riechen
Die Kinder schnuppern an Obst und Gemüse. Riecht es süßlich, würzig, erdig?
Spiel:
Eine Schnupperkiste wird aufgestellt. Das ist ein Karton mit einem Loch, so groß, daß gerade eine Kindernase durchpaßt. Hinter dem Karton steht ein Spieler und hält der Schnuppernase ein Obst oder Gemüse unter die Nase. Was ist es?

Die Kinder gärtnern

Kartoffeln im Kübel

Zwei Saatkartoffeln (vom Wochenmarkt oder Gärtner) werden in einen Behälter mit feuchter Erde gelegt, bis sie Keime gebildet haben. Dann pflanzen die Kinder die beiden Kartoffeln in einen großen Blumentopf, der zur Hälfte mit Erde gefüllt ist. Wenn die Triebe der Kartoffel etwa 10 cm aus der Erde hervorschauen, füllen die kleinen Gärtner eine Schicht Erde nach, so daß die Triebe wieder bedeckt sind. Die Kartoffelpflanze wächst weiter und schiebt ihre Triebe in die Höhe. Schauen diese wieder etwa 10 cm aus der Erde, werden sie noch einmal mit Erde angehäufelt, ... das geht so weiter, bis der ganze Kübel aufgefüllt ist. Gießen nicht vergessen!

Jetzt kann die Kartoffelpflanze ihre Blätter und Blüten entwickeln. Eine Kartoffelblume sieht sehr schön aus. Nach einiger Zeit entwickeln sich aus den Blüten kleine, grüne Früchte. Jetzt heißt es aufgepaßt, nicht essen, denn sie sind giftig! Bis zur Ernte im Spätsommer dauert es seine Zeit. Die Blätter müssen erst gelb sein, dann ist es soweit. Die Kinder kippen den Behälter um – und die Überraschung ist groß: viele neue Kartoffeln werden zum Vorschein kommen!

Rezept
Diese neuen Kartoffeln kann man mit der Schale essen. Am besten im Backofen bei 200 Grad etwa 45 Minuten garen. Schmeckt prima mit Butter oder Quark.

Erdbeeren im Hängekorb

Je nach Größe des Hängetopfes werden zwei oder drei Erdbeerpflanzen eingesetzt. Aufhängen – Gießen – Abwarten! An diese Erdbeeren werden sich nur „Naschkatzen" heranmachen können. Vielleicht will jedes Kind einen eigenen Erdbeerkorb?

Radieschen in der Kiste

Eine ausgediente Holzkiste (mit unbehandelten Holzlatten) wird mit Folie ausgelegt, dann mit der Schere mehrere Löcher in die Folie einstechen, damit überschüssiges Wasser abfließen kann. Die Kinder füllen Erde in die Kiste und säen die Radieschensamen vorschriftsmäßig aus. Fleißig gießen. Auch Salat, Zucchini und Kräuter aller Art gedeihen in dieser Kiste.

Die Sache mit dem Müll

Mülltrennung

Viele Menschen brauchen nicht nur mehr Platz zum Wohnen und Leben (siehe Seite 86-89), sondern es gibt auch immer mehr Müll. Die Probleme mit den Müllbergen sind den Kindern, sofern sie es verstehen können, längst bekannt. In vielen Familien wird der Müll sortiert und in den meisten Kindergärten sind verschiedene Behälter aufgestellt, damit die Kinder lernen, den Müll getrennt zu sammeln.

Recycling

Die aussortierten Stoffe können wieder verwertet werden:

- Die Metalle werden eingeschmolzen und zur Herstellung neuer Metalle verwendet;
- das Altglas, in Farben sortiert, kann eingeschmolzen und bei der Herstellung von neuem Glas eingesetzt werden,
- das Altpapier kann aufbereitet und neues Papier daraus gemacht werden.

Die Mülltrennung macht Sinn, wenn die Materialien wiederverwertet werden. Denn das spart die Rohstoffe der Erde, die nicht unbegrenzt zur Verfügung stehen.

Die Sache wird kompliziert

Diese einfache Art der Mülltrennung in Papier, Metall und Kunststoff reicht inzwischen nicht mehr aus. Um das Altmaterial besser wiederverwerten zu können, wird der Müll noch weiter aussortiert:

- Der Papierabfall wird in Papier und Karton sortiert. Dabei haben Safttüten, Pergamentpapier und Tapeten hier nicht zu suchen!
- Kunststoffe und Styropor werden ebenfalls getrennt gesammelt, nur Gegenstände mit den Zeichen PS und PP und EPS dürfen in die Container abgegeben werden.

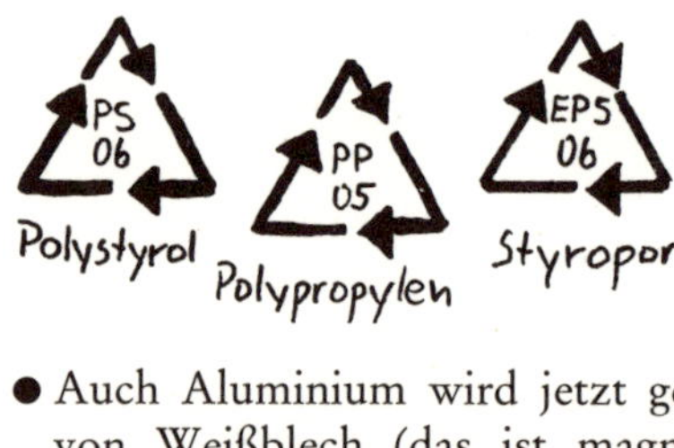

- Auch Aluminium wird jetzt getrennt von Weißblech (das ist magnetisch) gesammelt. Aber Safttüten, Kaugummipapier, Kaffeepackungen und Klebstoffbehälter gehören nicht in diesen Müll.

Was ist was?

Sollten sich die Kinder in dieser komplizierten Mülltrennung auch schon auskennen? Warum nicht? Die Kinder werden es schneller lernen, als Sie denken. Machen Sie ein Spiel daraus. Doch zuerst müssen Sie den Kindern die Unterschiede zwischen Papier und Pappe oder zwischen Aluminium und Weißblech erklären, zeigen Sie auch die verschiedenen Kunststoffzeichen PS und PP oder EPS.

Dann kann das Müll-Sortier-Spiel beginnen:
Verschiedene Müll-Materialien liegen auf dem Boden, bunt gemischt. Die Spieler sortieren alles in bereitgestellte Behälter, dabei sammelt einer nur Papier und ein anderer nur Pappe ein, einer darf nur Aluminium nehmen, der andere nur nach Weißblech suchen, usw..

Ein Ratespiel: Sie stellen verschiedene Aufgaben, zum Beispiel
„Suche etwas aus Aluminium!" Oder:
„Zeige mir das Kunststoffzeichen PP!"
So macht das Lernen Spaß!

Basteln mit Abfallmaterial

Das Müllproblem wird den Kindern nicht dadurch verständlicher gemacht, daß sie mit den Müllprodukten basteln. Basteln und Spielen mit den sogenannten wertlosen Materialien trägt keineswegs dazu bei, daß die Kinder lernen, Müll zu sortieren und Abfall zu vermeiden. Dieses Basteln fördert ausschließlich die Kreativität der Kinder. Sie üben sich darin, aus ungewöhnlichen Dingen Phantasievolles zu gestalten. Das hat aber mit Umweltschutzverhalten wenig zu tun.
Abfall-Bastelmaterial gibt es in Kindergärten meist in Hülle und Fülle und die Kinder können damit beim Basteln verschwenderisch umgehen. Wenn etwas dabei kaputt geht, werfen die Kinder dieses Teil einfach weg und nehmen ein neues; es ist ja genügend da und zum Wegwerfen sind diese Materialien sowieso gedacht.

Wir sollten beim Basteln mit dem wertlosen Material nicht vergessen, den Kindern auch den Umgang mit wertvollem Material zu zeigen. Bei wertvollen Materialien können die Kinder lernen, sorgsam mit den Dingen umzugehen.

Was die Kinder tun können

Die Kinder können einiges tun, um das Müllproblem auf ihre Weise anzugehen. Dazu einige Anregungen.

Mülltest im Garten

Wenn die Kinder diesen Test durchgeführt haben, werden sie wissen, warum man den Müll nicht einfach wegwerfen kann. Die Kinder sammeln Verschiedenes ein, zum Beispiel

Die Kinder heben im Garten kleine Löcher aus, etwa 12 bis 15 cm tief. Dann gießen sie Wasser hinein, bis die Erde gut feucht ist. Jetzt legen sie in jedes Loch einen der Gegenstände und füllen die Erde wieder auf. Die Test-Stellen werden mit kleinen
Schildchen gekennzeichnet.
Ab jetzt wird täglich gegossen.
Nach einem Monat ist es soweit, und die Kinder schauen nach, was aus ihren vergrabenen Sachen geworden ist. Sie buddeln die Gegenstände wieder aus – genauer gesagt, was davon übrig geblieben ist! Papier, Pappe, Apfel und Baumwollfaden sind verschwunden – alle Gegenstände aus Plastik kommen unversehrt wieder zum Vorschein. Diese könnten noch viele hundert Jahre unverändert unter der Erde liegen.

Müll vermeiden

Müll sortieren reicht nicht aus, das Müllproblem in den Griff zu bekommen. Müll vermeiden ist das Motto des Naturschützers! Und das können die Kinder dazu beitragen:

Bitte keine Plastikbecher!
Gläser kann man immer wieder verwenden, Plastikbecher werden nach einmaligem Gebrauch weggeworfen. Die Kinder können ihre Eltern darum bitten, ihnen Trinkgläser zu geben. Auch bei Kinderpartys und in Restaurants sollten die Kinder wenigstens versuchen, nach Trinkgläsern zu fragen.

Getränke in Flaschen
Die Plastikbehälter, Safttüten oder Getränkedosen schaffen viel Müll – und verrotten nicht. Pfandflaschen aus Glas helfen, den Müll zu vermeiden.

Auf die Verpackung achten
Spielsachen oder Süßigkeiten sind oft in aufwendigen Verpackungen eingepackt, Mit buntem Kunststoff und Pappkarton will man den Käufer locken. Da heißt es vor allem für Kinder: Nicht darauf hereinfallen, sondern genau prüfen, was drin und was drumherum ist.

Gute Spielsachen
Gute Spielsachen halten lange und sind stabil gebaut. Es lohnt sich, gutes Spielzeug zu reparieren. Wenn Kinder sich selbst ihr Spielzeug aussuchen dürfen, sollten sie die Spielsachen genauer anschauen und prüfen, wie stabil sie sind, ob sie auch wilde Spiele aushalten, oder schnell kaputt gehen.
Betrachten Sie mit den Kindern die Spielsachen im Kindergarten und zeigen sie, worauf man zum Beispiel bei einem neuen Spielauto oder bei einer Puppe achten soll. Das verstehen die Kinder.

Spielzeug-Flohmarkt
Eine gute Idee, wie man seine alten Spielsachen losbekommt, ohne daß sie weggeworfen werden müssen. Andere Kinder freuen sich darüber! Und Müll ist vermieden!

Ein kleiner Bauernhof

Gibt es in Ihrem Kindergarten 2 bis 4 qm Boden, der zum Gartenbeet umgestaltet werden kann? Dann könnten die Kinder Kräuter anpflanzen und dazu einen kleinen Spielzeug-Bauernhof aufbauen. Die Kräuter wachsen schnell, und die Kinder können im Sommer täglich ernten, je nachdem, was gerade in der Kindergartenküche an Kräutern gebraucht wird. Diese „Kräuterernte“ ist vielseitig einsetzbar: aufs Butter- oder Käsebrot, zu Quark, in Salat, zu frischem oder gekochtem Gemüse und zu Suppen. Zitronenmelisse schmeckt auch gut zu Kompott oder Pudding und aus Minze können die Kinder einen Tee kochen.

Standort und Boden

Je nach Standort des „Bauernhofs“ sollten die Kräuter nach Sonne und Beschaffenheit des Bodens ausgesucht werden, dann sind sie nochmal so gut, zum Beispiel:

- Humusboden für Basilikum, Petersilie, Salbei, Zitronenmelisse;
- kalkhaltigen Boden für Boretsch, Dill, Oregano, Schnittlauch, Thymian;
- Halbschatten brauchen Kerbel, Petersilie, Schnittlauch, Liebstöckl;
- sonnig warm mögen Dill, Estragon, Majoran, Salbei, Thymian, Melisse;
- und ganz anspruchslos sind Bohnenkraut, Beifuß, Minze, Rosmarin.

Wichtig: Gießen nicht vergessen!

Der Bauernhof

Und so wird der kleine Bauernhof aufgebaut: Aus Obstkisten werden Häuser gebaut. Wichtig dabei ist, daß sie nicht mit Farbe gestrichen oder gebeizt sind, denn das vertragen die Pflanzen nicht.
Die Kisten so aufstellen, daß eine Seite offen ist, damit die Kinder ihre Spielsachen in den Häusern einstellen können.
Die Zäune sind Zweige oder Stäbe, die einzeln in den Boden gesteckt werden.
Als Wege oder Straßen werden kleine Steinchen verteilt. Als Randmarkierung für die Kräuterfelder können Kieselsteine nebeneinandergereiht werden.

Zum Schluß zieht der Bauernhof aus der Spielzeugkiste in den neuen Hof ein.
Das gibt ein Fest!

TIP: Einfacher ist es, wenn Sie die Kräuter nicht selbst ziehen, sondern in kleinen Töpfen beim Gärtner kaufen.

4. Kapitel

Die Erde – unsere weite Welt

Nah und fern

Erst mit zunehmendem Alter verstehen die Kinder, was nah, was fern und was ganz weit weg ist. Andererseits sind den Kindern die fernen Länder bekannt. Sie hören davon in Geschichten, sehen Bilder in Bilderbüchern und Fernsehsendungen oder sind mit der Familie selbst schon weit gereist. Je nach den Erfahrungen Ihrer Kindergartenkinder können Sie die Spiele und Aktionen dieses Kapitels variieren.

Ganz nah – weiter weg

Die Kinder sitzen in einem Kreis. Sie sind Spielleiter und fordern alle Kinder auf, ganz nah zusammenzusitzen. Das gibt ein Krabbeln und Kuscheln!
Dann kommt das nächste Kommando: Alle Kinder rücken etwas auseinander!
Es geht weiter: Alle rücken noch ein Stück voneinander weg ... und noch ein bißchen weiter ... und noch ein bißchen ...
Und schließlich sitzen oder stehen alle Kinder, so weit es geht, voneinander entfernt. Im Gruppenraum ist das Spiel schnell zu Ende, im Garten aber kann das Weiter-weg-Rücken ein Weilchen dauern. Zum Schluß kommen alle wieder zusammen. Jetzt ist ein Kind Spielleiter und ruft den andern zu, wann und wie weit sie wegrücken sollen.

Eine weite Strecke

So beschreibt Moritz den Weg zu seiner Tante, die im gleichen Ort wohnt: „Meine Tante wohnt weit weg, da müssen wir viel gehen und gehen, bis wir da sind. Wenn ich von Mami einen Lutscher bekomme, dann dauert es nicht so lange!“
Nici erklärt die Strecke zum Haus der Großmutter, die einige Ortschaften entfernt wohnt, auf diese Weise: „Meine Oma wohnt auch weit weg. Wir müssen mit dem Auto ganz lang fahren, da kann ich zwei Kinder-Kassetten hören!“
Wer von Ihren Kindern kann von einer weiten Strecke erzählen? Lassen Sie den Kindern Zeit für ihre Erlebnisberichte.

Reise-Bilder

Mit den Urlaubsfotos oder Postkarten der Kinder können Sie ein großes, phantasievolles Reisebilder-Poster anfertigen. Die Kinder malen auf einen großen Papierbogen mehrere Autos oder Busse, die so groß sind, daß die mitgebrachten Fotos auf so ein Auto geklebt werden können. Dann kommen noch eine Eisenbahn mit vielen Wagen dazu, ein Schiff, ein Flugzeug und natürlich auch Fahrräder. Zum Schluß kleben die Kinder ihre Fotos oder Postkarten ein, je nachdem, mit welchem Fahrzeug sie unterwegs waren. Am besten befestigen Sie die Fotos mit Klebeecken auf dem Poster, damit sie wieder abgenommen werden können.

In die Ferne reisen

Wer ist schon weit weg, in ein fremdes Land gereist? Die Kinder erzählen. Wer will, kann auch Fotos, Postkarten oder Reiseandenken mitbringen. Dabei kommt es nicht darauf an, wer die weiteste Reise gemacht hat. Sondern darauf, daß die Kinder von ihren Erlebnissen und Erfahrungen in anderen Ländern berichten.

Urwälder

Für uns Europäer sind Urwälder faszinierend schön, die großen, alten Bäume, die üppig wachsende Pflanzenwelt und der Artenreichtum der Tierwelt. Und manch einer vergleicht den Urwald mit einem Paradies.
Erzählen Sie den Kindern mehr über diese fremde Landschaft. Doch beginnen Sie Ihre Erzählung dort, wo sich die Kinder gerade aufhalten, also im Kindergarten.
Um zu einem Urwald zu kommen, muß man von Deutschland aus eine weite Reise machen. Doch mit Phantasie geht diese Reise viel schneller:

Eine Phantasiereise in den Urwald

„Achtung, Kinder, setzt euch auf einen Stuhl, haltet euch gut daran fest … gleich geht unsere Reise los. Wir starten mit dem Flugzeug (alle Kinder trampeln mit den Füßen auf den Boden) … Jetzt heben wir in die Luft ab (die Kinder breiten ihre Arme aus, so als würden sie wie ein Flugzeug durch die Luft fliegen) … Wir fliegen in den Süden. Wir fliegen über das Meer. Da – in der Ferne ist Land zu sehen … und Wälder, große Wälder (die Kinder spielen, als wären ihre Hände ein Fernglas, halten dieses vor die Augen und schauen umher) … Wir landen. Achtung, festhalten! (Die Kinder trampeln wieder mit den Füßen auf den Boden) … Wir sind da. Alle aussteigen!"

Das Abenteuer beginnt

„Liebe Reisegruppe, ich begrüße euch in unserem Land. Wir machen eine Wanderung in den Urwald. Zieht feste Schuhe an!" (Die Kinder schlüpfen pantomimisch in hohe Stiefel und binden sie zu) … „Und nun folgt mir nach. Dort führt ein Pfad in den Urwald." (Die Kinder wandern durch den Gruppenraum) …
Bei diesem Pantomimespiel sind Sie die Reiseleiterin und führen die Kinder nun durch den Urwald. Dabei erzählen Sie von Baumriesen und seltenen Tieren, von Sonnenhitze und Tropenregen. Während Sie erzählen, gehen Sie mit den Kindern im Raum mal hierhin und mal dorthin. Mal setzen sich die Kinder und lauschen den Geräuschen, mal riechen sie an duften-den Blüten, mal verstecken sie sich hinter großen Baumstämmen und beobachten wilde Tiere.
Wenn Ihnen dieses Spiel gefällt und auch die Kinder Interesse zeigen, dann können Sie dieses Phantasie-Abenteuer-Spiel immer wieder neu gestalten und mit den Kindern in die verschiedenen großen Wälder unserer Erde reisen. Mal ist es der Urwald in Afrika, mal der Dschungel in Asien, mal die Regenwälder in Südamerika oder Australien.

TIP: Es gibt viele, schöne Bildbände von den Urwäldern unserer Erde. Darin zu blättern macht auch den Kindern Spaß. Und Sie erhalten interessante Informationen, die Sie in der Phantasiereise einsetzen können.

Von den Pflanzen

Davon können Sie als „Reiseleiterin" den Kindern erzählen: Die Urwälder sind die ältesten Wälder auf unserer Welt. Die Bäume sind riesengroß, und viele davon mehrere hundert Jahre alt. Die Bäume breiten ihre Äste und Zweige wie große Schirme aus und lassen nur wenig Sonnenlicht durch. Deshalb ist es unten auf dem Boden schattig und dunkel und die Erde feucht und glitschig.

Es regnet hier oft. Deshalb heißen die Wälder auch Regenwälder. Die Luft ist so feucht und heiß, daß die Kleider am Körper kleben.

Bei diesem Reichtum an Wasser und Wärme wachsen die Pflanzen so üppig wie nirgendwo auf der Welt. Es gibt deshalb unendlich viele Arten von Bäumen, Sträuchern und Blumen. Der Boden ist ein einziges wildes Pflanzengewirr. Hier wachsen die schönsten Orchideen in bezaubernden Farben und verbreiten einen betäubenden Duft.

Von den Tieren

Hoch in den Bäumen ist ein lautes Pfeifen und Krächzen und Plappern zu hören. Es sind die buntgefiederten Papageien, die dort oben ein munteres Leben führen.

Lustig ist das auch Treiben der Affen. Sie schwingen sich von Baum zu Baum und schaukeln an den herabhängenden Ranken. Sie hüpfen oder hangeln von Ast zu Ast und springen kreischend davon, wenn sie erschreckt werden.

Viele Tiere tummeln sich in dem dichten Blätterdach der großen Bäume, zum Beispiel die Ameisenbären, Wickelbären und Faultiere.

Auch auf dem Waldboden ist Leben. Dort stapfen Elefanten durch das Dickicht oder Tiger schleichen heran. Da gibt es auch Schlangen und Krokodile, Tapire und Gürteltiere, Schildkröten und Vogelspinnen und unendlich viele sonderbare Insekten und Ameisen.

Rettet die Regenwälder!

Der Aufruf „Rettet den Regenwald" wurde längst auch von den Kindern vernommen, sei es in Gesprächen der Eltern, von Geschichten älterer Geschwister oder von Fernsehsendungen. Doch, haben die Kinder diesen Notruf wirklich verstanden?

Davon ist die Rede

Wenn die Kinder nach den Regenwäldern fragen, können Sie versuchen, das Problem etwas vereinfacht zu erklären:
Diese riesigen Wälder sind für uns Menschen lebenswichtig. Die Bäume und Pflanzen liefern uns unsere Luft, die wir zum Atmen brauchen und sie beeinflussen das Wetter, Wind und Regen. (Mehr zu den Themen Atemluft und Regenwetter siehe auch Band 2 „Luft" dieser Buchreihe).
Seit einigen Jahren wird nun von den Menschen der Regenwald abgeholzt. Die Hälfte davon ist schon verschwunden.
Die Menschen fällen diese großen Bäume, um Holz zu verkaufen. Und die Menschen in anderen Ländern kaufen dieses Holz, weil es schön aussieht und billig zu haben ist. Dazu gehören Mahagoni, Palisander, Teak, Ebenholz und Rosenholz. Das Holz wird zum Bauen verwendet, für Türen oder Treppenstufen, aber auch für Küchenbrettchen, Holzschüsseln oder Tabletts.

Die Regenwälder werden auch gerodet, um Weideland für Rinderherden oder Ackerland für Maisanbau zu gewinnen. Rindfleisch und Viehfutter-Mais wird dann zu billigen Preisen an andere Länder verkauft. Und die Menschen kaufen gerne diese Ware, weil sie billig ist.
Damit die Waldrodung schneller vorangeht, werden die Wälder abgebrannt.
Doch der Humusboden der Regenwälder ist dünn, und der Vorrat an Nährstoffen für die Weiden oder Maisfelder ist schnell verbraucht. Die Sonne trocknet die feine Erdschicht aus, und der Regen schwemmt den Boden weg. Denn die Bäume sind nicht mehr da, die mit ihren Blättern Schatten geben und mit ihren Wurzeln das Regenwasser aufnehmen. (Siehe auch Seite 53 und 68).
So bleibt die Ernte nach zwei oder drei Jahren aus. Dann wird schnell ein neues Waldstück abgeholzt oder abgebrannt. So geht es immer weiter.

Was ist zu tun?

Auf den Kauf von Tropenholz und importierte Rindfleisch-Sonderangebote (auch in Form von „Hamburgern" bei den Schnell-Restaurants) verzichten!
Eines ist klar: Hier ist Elternarbeit sinnvoll. Gestalten Sie mit den Kindern einen Elterntag unter dem Motto: „Schützt den Regenwald". Die Kinder bauen, malen und spielen mit den Eltern, was sie zu diesem Thema bewegt. Umfangreiche Informationen erhalten Sie von Umweltschutzorganisationen wie Greenpeace, WWF oder BUND.

Ein kleiner Regenwald

Man braucht dazu: Ein Terrarium, ein ausgedientes Aquarium oder ein großes Glasgefäß; für den Boden Sand, Grillkohle, Kieselsteine und Blumenerde und als Pflanzen entweder verschiedene Farne und Moose oder exotische Pflanzen wie kleinwüchsige Bromelien. Dazu passen verschiedene Efeuarten, Kletterficus und Grünlilie.

Der Regenwald wird angelegt:
Auf den Boden des Gefäßes Sand verteilen, darüber eine Schicht Grillkohle legen (damit die Erde nicht sauer wird), dann Kieselsteine aufschichten und zum Schluß Blumenerde auffüllen.
Die Pflanzen nicht zu dicht setzen, damit sie sich ausbreiten können. Zum Schluß die Pflanzen etwas angießen und eine Glasscheibe als Deckel des Terrariums auflegen. Bei zuviel Gießwasser den Deckel eine Woche lang etwas offen lassen, damit überschüssige Feuchtigkeit entweichen kann. Dann nur noch ganz selten die Pflanzen gießen.

Was passiert?
Die Pflanze nimmt mit ihren Wurzeln das Wasser aus der Erde und scheidet es über die Blätter wieder aus. Das Wasser verdunstet, setzt sich als Wasserdampf an der Glaswand ab, rinnt als Wassertropfen auf den Erdboden zurück und wird dort von den Wurzeln wieder aufgenommen.

TIP: Mehr über den Wasserkreislauf siehe Band 1 „Wasser“ dieser Buchreihe.

Wüsten und Steppen

In den fernen, fremden Ländern gibt es noch eine andere Landschaft, die auf uns Mitteleuropäer recht abenteuerlich wirkt. Es sind die Wüsten und Steppen. Dort regnet es selten oder nie, und in der Sonnenhitze ist der Boden völlig ausgetrocknet. Um so aufregender ist es zu wissen, daß dort Tiere und Pflanzen leben können.
Es gibt verschiedene Arten von Wüsten, zum Beispiel Geröllwüsten mit vielen Steinen und Felsbrocken oder Sandwüsten mit teilweise über 300 m hohen Sanddünen, die wie Wellen in einem großen Sandmeer aussehen.

Sahara
Sahara ist das arabische Wort für Wüste. So heißt die größte Wüste der Welt. Jedes Jahr erweitert sich dieses Sandmeer um mehr als 10 km. Tagsüber herrscht hier glühende Sonnenhitze, doch nachts wird es bitter kalt.

Savannen und Steppen
Es sind die Randgebiete zwischen den Wüsten und den regenreicheren Gebieten. Hier regnet es ab und zu, so daß vereinzelt Bäume und Sträucher wachsen können und große Flächen mit Gras bedeckt sind. Sobald der Regen fällt, verwandelt sich die karge Landschaft in ein buntes Blütenparadies. Doch bald ist die Pracht wieder vorbei, und es beginnt eine neue Trockenzeit.

Tiere in der Wüste

Die Tiere, die in diesen trockenen Gebieten leben, haben sich auf besondere Weise ihrer Umgebung angepaßt. Wenn die Kinder daran interessiert sind, sollten Sie von diesen Wüstenbewohnern erzählen. Hier ein Beispiel:

Das Kamel
Ein Kamel kann länger als 2 Wochen ohne Wasser und ohne Nahrung auskommen. Das ist für ein Kamel lebenswichtig, denn es muß oft viele Tage durch die Wüste wandern, bis eine neue Weide- und Wasserstelle erreicht ist. Doch dann kann es in 10 Minuten etwa 100 Liter Wasser auf einmal hinunterschlucken. In der gleichen Zeit, die wir benötigen, um eine Badewanne mit Wasser zu füllen, könnte das Kamel diese Badewanne wieder austrinken.
Der Höcker auf dem Rücken ist die Vorratskammer für das Kamel. Hier speichert es Fett, das sein Körper nach und nach verbraucht, wenn es sonst nichts zum Fressen findet.
Bei einem Sandsturm schließt das Kamel einfach seine Nüstern, damit kein Sand in die Nase kommt. Auch seine Augen sind mit überhängenden Lidern und langen Wimpern vor aufwirbelndem Sand geschützt.
Die Kamele haben breite Fußsohlen. Das brauchen sie auch, damit sie nicht in den Sand einsinken, wenn sie quer durch die Wüste wandern.

Pflanzen in der Wüste

Auch die Pflanzen, die in der Wüste gedeihen, haben sich auf besondere Weise entwickelt, um in dieser Landschaft bei extremer Sonnenhitze und wenig Wasser wachsen zu können. Dazu ein Beispiel:

Der Kaktus
Ein Kaktus kann in seinem Stamm und in den Ästen viel Wasser speichern. Dann wird er prall und dick. In der Trockenzeit wird dieses Wasser nach und nach wieder verbraucht und der Kaktus schrumpft langsam zusammen.
Mit seinen Wurzeln nimmt ein Kaktus die kleinste Wassermenge schnell auf, noch bevor das Wasser in der sengenden Sonnenhitze verdunsten kann.
Kaum zu glauben, aber die „Blätter" des Kaktus sind die Dornen. Das ist sinnvoll, denn die Pflanzen sondern über ihre Blätter Wasser ab, und mit diesen dünnen, harten Stacheln kann der Kaktus nur sehr wenig Wasser verlieren. Auch halten die spitzen „Blätter" die Tiere zurück, die am liebsten diese Pflanze mit dem gespeicherten Wasservorrat fressen würden – wenn die Dornen nicht wären.

Eine echte kleine Wüste

Wenn sich zwischen den kleinen Kakteen die Spielzeug-Kamele und andere Wüstentiere tummeln, dann sieht die angelegte Wüstenlandschaft wie echt aus.

Und so entsteht die Wüste:
Eine Holzkiste mit Folie auslegen. Verschiedene Kakteen auswählen – lange, dünne, dicke, runde – und mitsamt den Blumentöpfen in der Kiste verteilt aufstellen. Dann soviel Sand auffüllen, bis die Blumentöpfe im Sandmeer verschwinden und nur noch die Kakteen aus dem Sand herausschauen. Der Platz für die kleine Wüste ist das sonnige Fensterbrett, denn die Kakteen brauchen viel Sonne. Nicht zuviel gießen, weil das Wasser in der Kiste nicht abfließen kann.

Wohnhäuser in aller Welt

Bis jetzt haben die Kinder Interessantes über die abenteuerlichen Landschaften in fremden Ländern erfahren. Und sie werden bald nach den Menschen fragen: Leben dort auch Menschen?
Wie wohnen sie? Wie leben sie?
Darüber gibt es viel zu berichten:

Menschen leben überall auf der Welt. Sie haben sich entsprechend ihrer natürlichen Umgebung eingerichtet, und ihre Wohnstätten sehen sehr unterschiedlich aus. Ihre Häuser bauen sie mit dem, was sie in ihrer Umgebung finden können. Das sind Natursteine oder Ziegelsteine aus gebranntem Ton oder in der Sonne getrocknetem Lehm. Das können Hütten aus Holz oder Bambus sein mit Dächern oder Wänden aus Gräsern, Blättern, Wolldecken und Fellen.
Vielleicht haben die Kinder Spaß daran, einige dieser fremden Häuserformen nachzubauen und jeweils ein kleines Spielzeugdorf mit passender Landschaft zu basteln.

Lehmhütten

In Ländern mit viel Sonnenhitze und wenig Regen wohnen die Menschen in Lehmhütten (zum Beispiel in Afrika). Dazu nehmen sie Lehm, mengen etwas Stroh darunter, formen Backsteine, legen sie zum Trocknen aus, und die Sonne brennt diese Lehmblöcke steinhart. Damit bauen sie runde Hütten und setzen ein Stroh- oder Blätterdach auf. Als Dachbalken nehmen sie Äste.

Basteln
Die Kinder formen aus Lehm, Ton oder Backton viele kleine, eckige Bausteine. Diese lassen sie an der Sonne oder im Backofen trocknen und bauen damit kleine Hütten. Für das Dach nehmen sie kleine Zweige oder dünne, kurze Bambusstäbe. Sie binden diese zu einem kegelförmigen Dach und bekleben es mit Blättern, Stroh oder Heu.

Blockhäuser

Menschen, die in großen Wäldern leben, benützen natürlich das Baumaterial, das ihnen „vor der Haustüre" liegt. Sie fällen Bäume, entfernen die Äste und bauen mit den Baumstämmen ihre Holzhäuser. Das Dach dichten sie mit Grasnarben (zum Beispiel in Kanada) oder Palmblättern (in Neuguinea) ab. Im Dschungel werden die Holzhäuser sogar auf Pfähle gesetzt, damit der Boden bei den täglichen Regengüssen nicht feucht wird und die Menschen vor Überschwemmungen sicher sind (in Borneo).

Basteln

Aus Zweigen, dünnen Holzstäben oder Schaschlikstäbchen bauen die Kinder kleine Holzhäuser. Die Wände werden mit Zwirn zusammengebunden oder, wenn die Kinder noch keine Knoten knüpfen können, einfach aufeinandergeklebt. Die Gras- oder Blätterdächer bekommen ein Stab-Gerüst.

Zelte

Wenn Menschen mit Herden über Land ziehen, dann brauchen sie Wohnräume, die jederzeit ab- und aufgebaut werden können und so leicht sind, daß man sie tragen und mitnehmen kann. Die Indianer (Südwest-Amerika), die den Bisonherden folgten, bauten damals ihre Zelte, die Tippis, aus Holzstangen und Fellen. So machen es heute noch die Menschen in Lappland, wenn sie auf Rentierjagd gehen.

Die Nomaden (in der Mongolei) wandern mit ihren Schafherden durch die Steppen. Sie besitzen große, runde Zelte, die aus einem Weidenstangengerüst gebaut sind und mit selbstgemachten Filzteppichen bedeckt werden. Ihre Zelte nennt man Jurten. Sie sind so groß, daß darin bequem eine Familie wohnen, kochen, essen und schlafen kann.

Basteln

Aus Zweigen oder kleinen Ästen bauen die Kinder ein Zeltgerüst und legen oder kleben Fellreste, zugeschnittene Fensterlederteile oder Filz darüber.

Fremde Menschen haben fremde Lebensformen

So unterschiedlich die Landschaften in fernen Ländern sind, so verschieden sind die Häuser, in denen die Menschen wohnen, und so fremd sind die Sitten und Bräuche dieser Menschen. Wenn in Ihrer Kindergartengruppe Kinder von Ausländerfamilien sind, dann lassen Sie diese Kinder von ihrem Heimatland erzählen. Oder Sie laden deren Eltern ein. Vielleicht brauchen Sie auch einen Dolmetscher. Diese Rolle übernehmen gerne ältere Geschwister, wenn sie bereits deutsch sprechen können.
Doch zuerst sollten Sie Interessantes von fremden Lebensformen erzählen, einzelne Beispiele genügen. Das macht die Kinder neugierig. Sie wollen mehr erfahren und werden viele Fragen haben, die sie dann an den Gast aus dem fremden Land richten können.

Wie begrüßen sich die Menschen?

Beispiele: Wir sagen „Hallo!“ und „Guten Tag“ und reichen uns zur Begrüßung die rechte Hand. In Indien legt man die Handflächen vor der Brust zusammen, verbeugt sich ein wenig und sagt „Namaste“ oder „Namaskar“. In Japan verneigen sich die Menschen tief voreinander und sagen „Komnichiwa“. In russischen Völkerstämmen reibt man zur Begrüßung Wange an Wange und küßt sich dabei flüchtig. In arabischen Ländern kommt es zu einem sanften Nase-an-Nase-Reiben, wenn sich die Männer als Freunde begrüßen. Und die Ureinwohner Neuseelands, die Maori, strecken als Begrüßung ihre Zunge heraus.

Was essen die Menschen?

Beispiele: In Indien ißt man hauptsächlich Reis, der mit einer Curry-Gewürzmischung einen besonderen Geschmack bekommt. Das Reisgericht wird in Schalen gefüllt und mit den Fingern gegessen. In China kommen Reis oder dünne Nudeln auf den Tisch, dazu gibt es Gemüse und Fisch, selten Fleisch. Als Eßbesteck benützen die Chinesen zwei Stäbchen.
In Tunesien gibt es Kuskus, ein Gericht aus Weizen- oder Hirsemehl, der zusammen mit Gemüse und Fleisch gekocht wird. Dieses Gericht essen die Menschen auch mit den Fingern. Dabei formen sie die Speise zu einem kleinen Kloß und schieben mit dem Daumen das Essen von den Fingern in den Mund.

Wie ziehen sich die Menschen an?

Beispiele: In Mexiko zieht man sich einen Poncho über. In Indien kleiden sich die Frauen mit einem Sari. Das ist ein langer Baumwoll- oder Seidenstoff, der kunstvoll um den Körper gewickelt wird.
In Sri Lanka werden bei der Arbeit gerne Sarongs getragen. Das ist ein zu einem Schlauch zusammengenähtes Baumwolltuch, das wie ein langer Rock um die Hüften gebunden wird.
Die Japaner ziehen bei Festlichkeiten oft seidene, reich bestickte Kimonos an.
In Marokko tragen die Männer praktischerweise einen Kaftan, einen losen, dünnen Mantel mit einer Kapuze. Diese Kleidung schützt vor heißer Sonne und aufgewirbeltem Sand.

Die Kinder kleiden sich mit einem Sarong

Dieses Kleidungsstück ist einfach genäht und schnell übergezogen. Damit der Sarong auch gut paßt, muß zuerst Maß genommen werden, Hüftumfang und Hosenlänge. Nun kann man den Stoff zuschneiden, und zwar in den Maßen:
Länge = dreimal der Hüftumfang
Breite = die Hosenlänge.
Das Tuch wird dann zu einem Schlauch zusammengenäht.

Und so wird der Sarong gewickelt und gebunden:
1. In den Sarong schlüpfen, den Rock rechts und links nach außen ziehen und an den oberen Zipfeln festhalten.
2. Die überstehenden Rockseiten rechts und links nach innen falten, so daß vorne eine Rockfalte entsteht. Die festgehaltenen Zipfel vor dem Bauch verknoten.

Wir sind Kinder einer Erde

Text. Volker Ludwig
Melodie: Birger Heymann

Wir sind Kinder einer Erde,
die genug für alle hat.
Doch zu viele haben Hunger
und zu wenige sind satt.

Refrain:
Viele Kinder fremder Länder
sind in unsrer Stadt zu Haus.
Wir sind Kinder einer Erde,
doch was machen wir daraus?
Ihre Welt ist auch die unsre,
sie ist hier und nebenan,
und wir werden sie verändern,
kommt, wir fangen bei uns an!
Viele fangen bei uns an!

Friedenserziehung

Mit anderen Menschen in Frieden zu leben, das bedeutet, fremde Menschen zu akzeptieren, andere Kulturen, Sitten und Bräuche und Religionen zu tolerieren. Zum friedliebenden Verhalten gehört, die eigenen Lebensformen dem andern zu erklären und nach dem fremden Lebensstil der anderen zu fragen, um sie zu verstehen.
Friedenserziehung wird für uns Menschen und unsere Erde immer wichtiger. Beginnen Sie damit im Kindergarten!

Die weite Welt

Kinder im Kindergartenalter können große Entfernungen oder gar die Welt als Erdkugel noch nicht begreifen. Große Entfernungen sind für sie keine Maße in Kilometern gemessen, sondern Erlebnisse (siehe auch Seite 108).
Till sagt es so: „Wir sitzen im Flugzeug und fliegen ganz hoch, bis über die Wolken, dann gibt es Mittagessen. Dann fliegen wir wieder herunter und landen auf einem anderen Flugplatz und dann sind wir bei ganz fremden Menschen."
Nachfolgend eine Anregung, wie Sie den Kindern unsere weite Welt als Erdkugel erklären können.

TIP: Es gibt aufblasbare Wasserbälle, die wie eine Weltkugel aussehen.

Mit Puppe und Ball

Suchen Sie nach einem aufblasbaren Wasserball, so groß wie möglich. Darauf soll eine kleine Puppe spazierengehen oder ein kleines Spielzeugauto fahren.
Die Puppe macht sich auf den Weg. Doch zuerst malt sie mit Kreide ein Kreuz an die Stelle, an der sie losmarschiert. Dann wandert sie immer gerade aus... und wandert und wandert ... und plappert dabei allerlei vor sich hin. (Natürlich sind Sie es, die die Puppe sprechen läßt, damit die Spielszene für die Kinder spannend und lustig wird.) Während die Puppe in kleinen Schrittchen über den großen Ball marschiert, wird der Ball gedreht. Und auf einmal kommt die Puppe an ihrem gemalten Kreuz wieder an. Sie ist rund um den Ball gewandert.
Und was passiert, wenn ein Auto oder die kleine Eisenbahn losfahren? Und wo kommt das Flugzeug an, wenn es immer geradeaus rund um den Ball fliegt?

Die Erde ist rund

Wenn die Kinder verschiedene Reisen und Fahrten auf dem großen Ball ausprobiert haben, dann können Sie ihnen erklären: So verläuft auch eine Reise in die weite Welt, genauer gesagt ist es eine Reise rund um die Welt! Denn die Erde ist so rund wie der Ball. Deshalb sagt man auch Erdball oder Erdkugel dazu.
Jetzt werden sich einige Kinder daran erinnern, daß sie in Fernsehnachrichten oder Filmen den Erdball schon gesehen haben.

Auf Phantasiereise mit der Rakete

Ein Stuhlkreis ist aufgestellt. Alle Kinder steigen in ihre „Rakete“ ein! (Die Kinder setzen sich auf einen Stuhl.) Dann schnallen sie sich an und setzen einen Helm auf. (Die Kinder spielen pantomimisch nach, was Sie erzählen.) Gleich geht es los: 3 – 2 – 1 – 0 – Start! Zischend steigen unsere Raketen hoch. (Alle Kinder trampeln mit den Füßen und zischen laut durch die Zähne.) Wir fliegen höher und höher und höher …

(Sie legen eine „Erdkugel“ in die Mitte, das kann ein Globus sein oder ein bemalter Wasserball oder beklebter Luftballon.) Jetzt wollen wir die Erde mit unseren Raketen umkreisen, dazu müssen wir die Rakete richtig steuern. Könnt ihr schon die Erde sehen? (Sie machen auf den Globus aufmerksam.) Die Erde ist weit weg, deshalb sieht sie so klein aus. (Während die Kinder ihren Rundflug mit der Rakete fortsetzen und auf die Erdkugel schauen, drehen Sie diese langsam um die Achse. So können sich die Kinder gut vorstellen, wie es ist, rund um die Erde zu fliegen.)

Führen Sie die Phantasiereise fort. Erzählen Sie von dieser kleinen Welt, von den Landschaften, den Menschen, den Pflanzen und Tieren … eben davon, was die Kinder inzwischen von dieser Welt erfahren haben.

Wir landen wieder auf der Erde

Nach ein paar Runden um die Erde bereiten die Kinder ihre Rückreise zur Erde vor: Wir steuern die Rakete in Richtung Erde. Ein kurzes Zischen (die Kinder ahmen das Geräusch nach), und wir fliegen tiefer und tiefer und tiefer … und kommen immer näher zur Erde. (Sie entfernen wieder den Globus.) Jetzt sind wir gleich da. Wir bremsen den Flug der Rakete ab. (Das Zischen wird stärker und lauter.) Und jetzt landen wir und lassen unsere Rakete sanft auf dem Erdboden aufsetzen.

Wir sind wieder auf der Erde! Wir schnallen uns los, klettern aus der Rakete heraus und springen auf den Boden. (Die Kinder spielen pantomimisch mit und beenden die Raketen-Phantasiereise mit einem Sprung vom Stuhl.)

Wenn die Kinder Spaß an dieser Reise gehabt haben, wollen sie sicher bald wieder einen Raketenflug unternehmen. Warum nicht? Dann können Sie immer wieder etwas anderes von der Erde erzählen.

Kinder-Traum-Welt

Die Kinder bauen eine große Erdkugel und bemalen sie so, wie sie sich ihre Traum-Welt vorstellen.
Für diese Bastelarbeit brauchen die Kinder sehr viel Zeit. Eine Zeit, die Sie nützen können für viele Gespräche mit Ihren Kindern. Fragen Sie – und die Kinder werden Ihnen erzählen, was ihnen an der Welt gefällt oder mißfällt. Sie werden von ihren Ängsten sprechen und von ihren Nöten erzählen, ihre Wünsche verraten, ihre Träume phantasieren und dabei ihre Hoffnungen für ihre Zukunft zum Ausdruck bringen.

Die große Kugel

Sie brauchen dazu einen großen Luftballon, der sich mindestens auf einen Durchmesser von 1 m aufblasen läßt. Solche Luftballons kann man in Spielwarengeschäften kaufen.
Der Luftballon wird aufgeblasen und mit Kleisterpapier beklebt. Dazu rühren Sie Tapetenkleister an und legen große Pinsel und Zeitungspapier bereit. Und nun können die Kinder nach Herzenlust Papier in kleine Stücke zerreißen, mit Kleister bestreichen und auf den Ballon kleben. Da gibt es viel zu tun.
Am besten ist es, wenn zuerst eine dicke Hülle von vier bis sechs Kleisterpapierschichten aufgeklebt wird. Dann ein oder zwei Wochen warten, bis das Kleisterpapier trocken und hart geworden ist. Und dann werden nochmals drei bis vier doppelte Kleisterpapierschichten aufgeklebt. Die letzte Schicht besteht aus weißem Schreibpapier. Und wieder müssen die Kinder ein bis zwei Wochen warten, bis die große Kugel trocken ist.

Wie die Welt aussehen soll

Wie groß sollen die Wälder sein, wo gibt es Seen und Flüsse? Gibt es Wüsten und Gebirge? Gibt es auch Schneelandschaften und schneebedeckte Berge? Wo sind die fruchtbaren Äcker und Felder und wo die Blumenwiesen? Wo sind Städte und Dörfer?
Die Vorstellungen der Kinder werden unterschiedlich sein, und es ist wichtig, daß sie sich einig werden, bevor alle mit der nächsten Arbeit fortfahren.

Je nachdem, was die Kinder über ihre Welt wissen und was sie erfahren und gelernt haben, werden sie ihre Traum-Welt gestalten und ausstatten.
Sie können die Kinder dabei mit ergänzenden Sachinformationen unterstützen.

TIP: Die Bände „Wasser“ und „Luft“ dieser Buchreihe enthalten dazu viele interessante Informationen.

Mit Papieren aller Art, Schere und Klebstoff kann die Arbeit weitergehen: Aus grünem Pergamentpapier werden Bäume ausgeschnitten und dicht nebeneinander aufgeklebt. Das ist der Wald. Flüsse und Seen werden aus blauem Kreppapier gebastelt. Städte oder Dörfer bestehen aus gemalten und ausgeschnittenen Häuschen. Berge werden aus Packpapier gerissen, geknäuelt, wieder ausgebreitet und mit den entstandenen Falten so aufgeklebt, daß die Struktur erhalten bleibt. Als Wüste eignet sich Sand- oder Schmirgelpapier. Und für bunte Blumenwiesen können die Kinder geblümtes Geschenkpapier aufkleben.

Eines ist klar, diese Traum-Welt wird kein Abbild der wirklichen Erde sein. Das soll es auch nicht! Denn es ist ja eine Traum-Welt der Kinder! Und nur die Kinder bestimmen, wie diese aussieht! Es sind ihre Träume!

Laßt uns eine Welt erträumen

Text und Melodie: Gerhard Schöne

Laßt uns eine Welt erträumen,
die den Krieg nicht kennt,
wo man alles Brot der Erde
teilt mit jedem Kind,
wo die letzten Diktatoren
Zirkusreiter sind.

Laßt uns eine Welt erträumen,
wo man singt und lacht,
wo die Traurigkeit der andern
selbst uns traurig macht,
wo man trotz der fremden Sprache
sich so gut versteht,
daß man alle schweren Wege
miteinander geht.

Laßt uns eine Welt erträumen,
wo man unentwegt
Pflanzen, Tiere, Luft und Wasser
wie ein'n Garten pflegt,
wo man um die ganze Erde
Liebesbriefe schreibt,
und dann laßt uns jetzt beginnen,
daß es kein Traum bleibt.